スポーツ立国論

日本人だけが知らない「経済、人材、健康」すべてを強くする戦略

安田秀一

東洋経済新報社

はじめに　スポーツが日本に革命を起こす

時は２０１５年９月某日。ピコピコとスマホが鳴り、こんなＬＩＮＥメッセージが届きました。

「安田さん、山田です。もし、お時間あれば今週末の南アフリカ戦、観に来てください！　チケットはご用意させていただきます。僕らは勝ちますよ！」

送り主は当時ラグビー日本代表で活躍していた山田章仁選手（現・ＮＴＴコミュニケーションズシャイニングアークス所属）です。

正直、仕事の真っ最中だったこともあって、その瞬間は山田選手がいったい何の試合を話題にしているのかすらわかりませんでした。

その試合こそ、当時イングランドで開催されていた「ラグビーワールドカップ２０１５」。日本スポーツ史にその偉業がくっきりと刻印された「日本対南アフリカ戦」のことでした。

その1つ前のワールドカップ2011で、ニュージーランドに7対83で大敗している日本代表です。僕自身、世界のアスリートたちがすごい勢いで進化しているのを間近で見てきたこともあって、山田選手の「僕らは勝ちますよ！」のコメントに、気持ちはわかっても、少しの信ぴょう性も感じることができませんでした。

しかし、結果は皆さまご存じのとおり。ラグビーワールドカップで24年間勝ち星のなかった日本が世界ランキング3位（当時）の南アフリカを34対32で破るという大金星をあげたのです。以来、たったの4年。2019年にラグビー日本代表は世界のベスト8に入り、日本国内ではラグビーのプロ化に向けた議論が始まるようになりました。

僕を含めて、2015年のラグビーワールドカップに、いったい何人が注目していたでしょうか。昨今のラグビー人気を、誰が想像していたでしょうか。

不可能を可能にするスポーツの力

『スポーツ立国論』。本書を見かけた皆さまの、軽くシラけた表情が思い浮かびます。

「スポーツって単なる遊びでしょ？」

「大げさに言って本を売りたいだけでしょ」

「ビジネスにはなるかもだけど……」

などなど、突っ込みどころ満載に感じるのはよくわかります。

山田選手の「僕らは勝ちますよ！」を信じなかった僕と同じように、人間は「未知なるモノ」をなかなか信じることができません。

「プロ野球でも、投手と打者の二刀流をめざします！」

7年前、こう爽やかに宣言した18歳の少年の言葉を、いったい何人が信じたでしょうか。ご存じのとおり、大谷翔平選手は、日本のプロ野球はもちろん、アメリカのメジャーリーグの歴史をも塗り替えてしまっています。

僕が思うに、これこそがスポーツの力、そのものです。

つまり、人は「未知なるモノ」をなかなか信じることはできないけれど、実際にそれを目の当たりにすると、抑えきれない興奮と感動を覚えてしまう生き物なのではないでしょうか。

そもそも人間は、「未知なるモノ」に果敢に挑戦し続けることで進化をとげてきました。僕自身に当てはめてみると「できなかったことが、できるようになる喜び」こそが、自分を突き動かす原動力になっています。そんな「未知なるモノへの挑戦」こそが、人々の共感を呼び、勇気と感動を与え、個々を成長させるのだとも思っています。

あらゆる技術が発展し尽くした現代社会において、もっとも力強く啓発的な役割を担うコト。それがまさに「スポーツ」だと僕は思うのです。

「スポーツ立国」。

本書で記していくのは、スポーツがもたらすさまざまな効能であり、主に経済的側面における欧米での成功事例をもとに「我が国をどのようにアクティベートするか」というアイデアや提言の数々です。

どれも机上の空論ではなく、世界各地で実際に起こっているファクトに基づきます。もちろん、実現には多大な努力がともなうでしょうし、日本ではうまくいかないかもしれません。

でも、ラグビー日本代表のように、大谷翔平選手のように。「できなかったこと」を「できるようにする」ことが人間の本質であると信じ、「スポーツ立国ニッポン！」を声高らかに提言したい、そのように思っております。

「自動車産業」を超えたアメリカのスポーツ産業

もっともわかりやすい具体例を示します。まず世界に冠たるスポーツ先進国であり、スポーツ大国として知られるアメリカの事例です。

今でこそ日本はだいぶ引き離されてしまいましたが、日米両国のスポーツ産業を比較してみると、ひと昔前まで市場規模には大きな差がありませんでした。１９９４年の実績はアメリカの約22・６兆円に対して、日本が約５・８兆円です。

当時の人口はアメリカが日本のおよそ２・１倍（アメリカの２億６６００万人に対し、日本は１億２５００万人）でしたから、その分を補正すると「10・７兆円」対「５・８兆円」。日本はアメリカの２分の１程度という差にすぎなかったのです。

ところが、かつての差は現在、信じられないほど開いてしまいました。なんと「約60兆円」対「約４兆円」です（図表０–１）。

日本の市場規模は単純計算でアメリカの15分の１。パーセンテージに換算すると、わずか６・９％です。なんとアメリカのスポーツ産業は、アメリカの誇る代表的な産業であった「自

図表0‒1　日米スポーツ産業市場規模の差

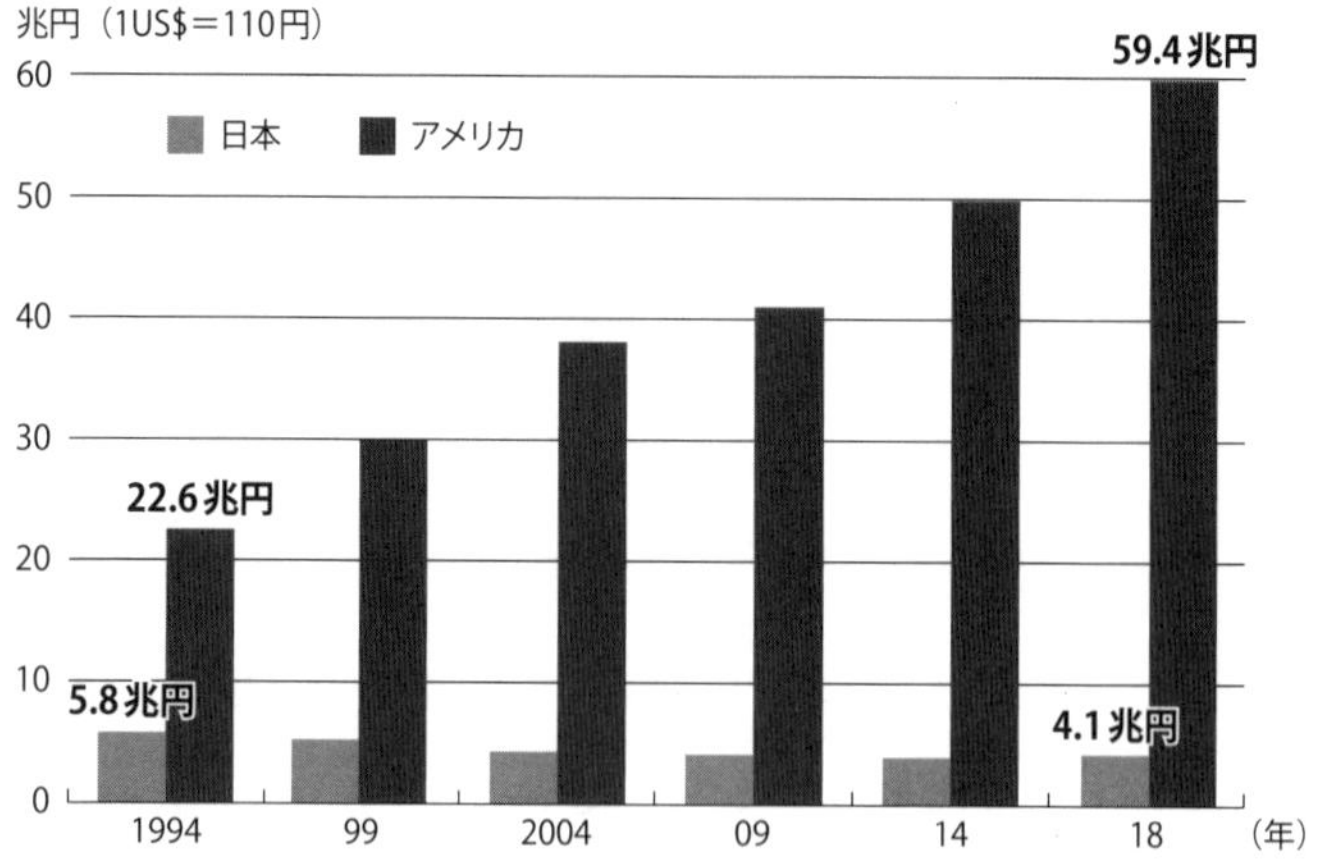

出所：Plunkett Research & U.S. Bureau of Economic Analysis, レジャー白書2019

動車業界」の規模を超えたことすらあるのです。

ならば、日本のスポーツ産業もトヨタやホンダの国内事業規模を超える可能性を十分に秘めている、と言っても過言ではないはずです。

先進国に広がる「スポーツの産業革命」

アメリカが特殊なのかというと、そうではありません。

プロスポーツリーグにおける総収入の推移を、日本と欧米で比較したグラフがあります（図表0‒2）。

日本のプロ野球とJリーグが20年以上

図表0-2　日本と欧米プロスポーツリーグ総収入の差

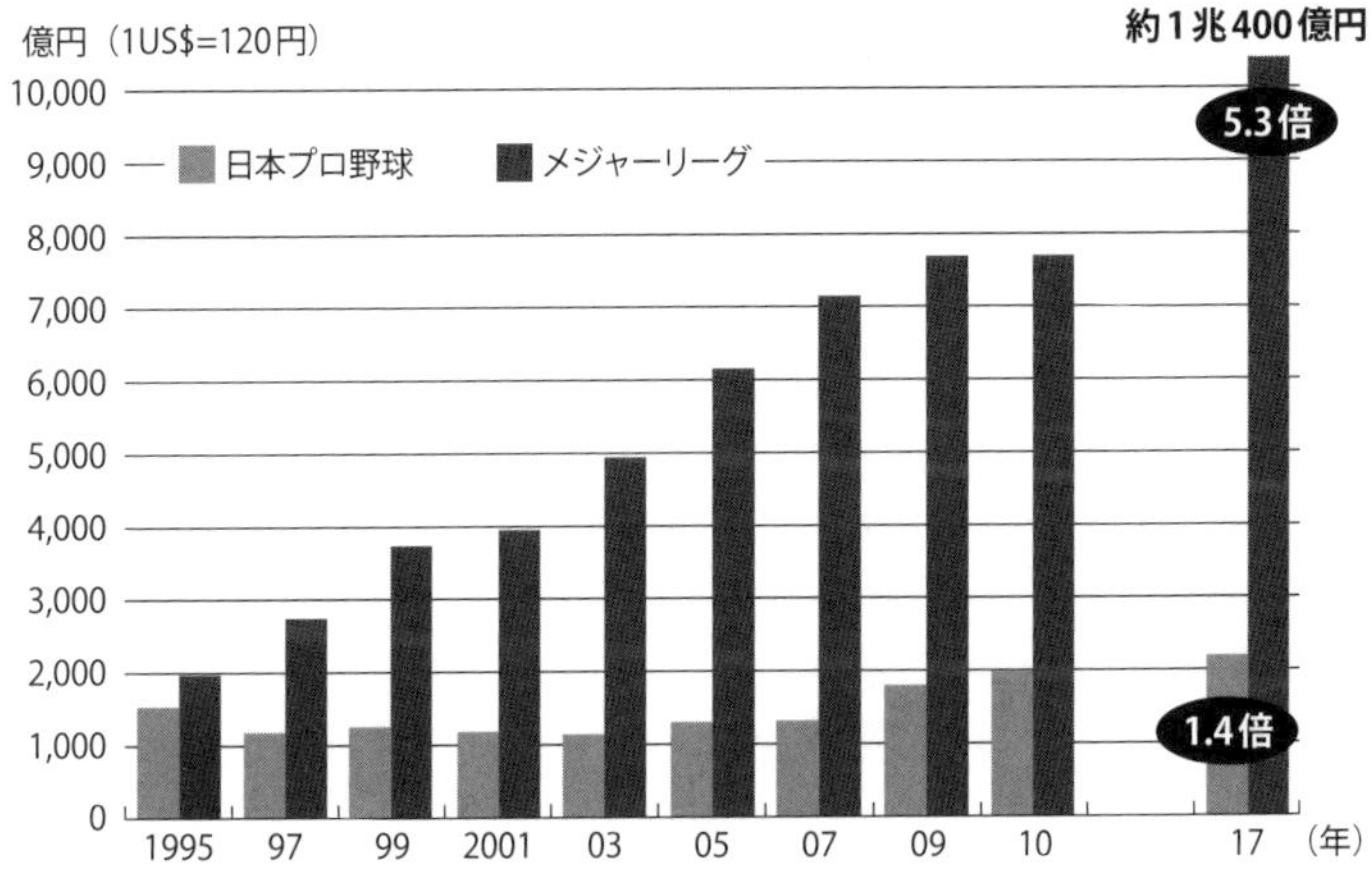

注：2017年NPB収入のみ、各球団の公表している数字に基づくドーム社による推定
出所：Forbes, The Business of Baseball, asahi. com

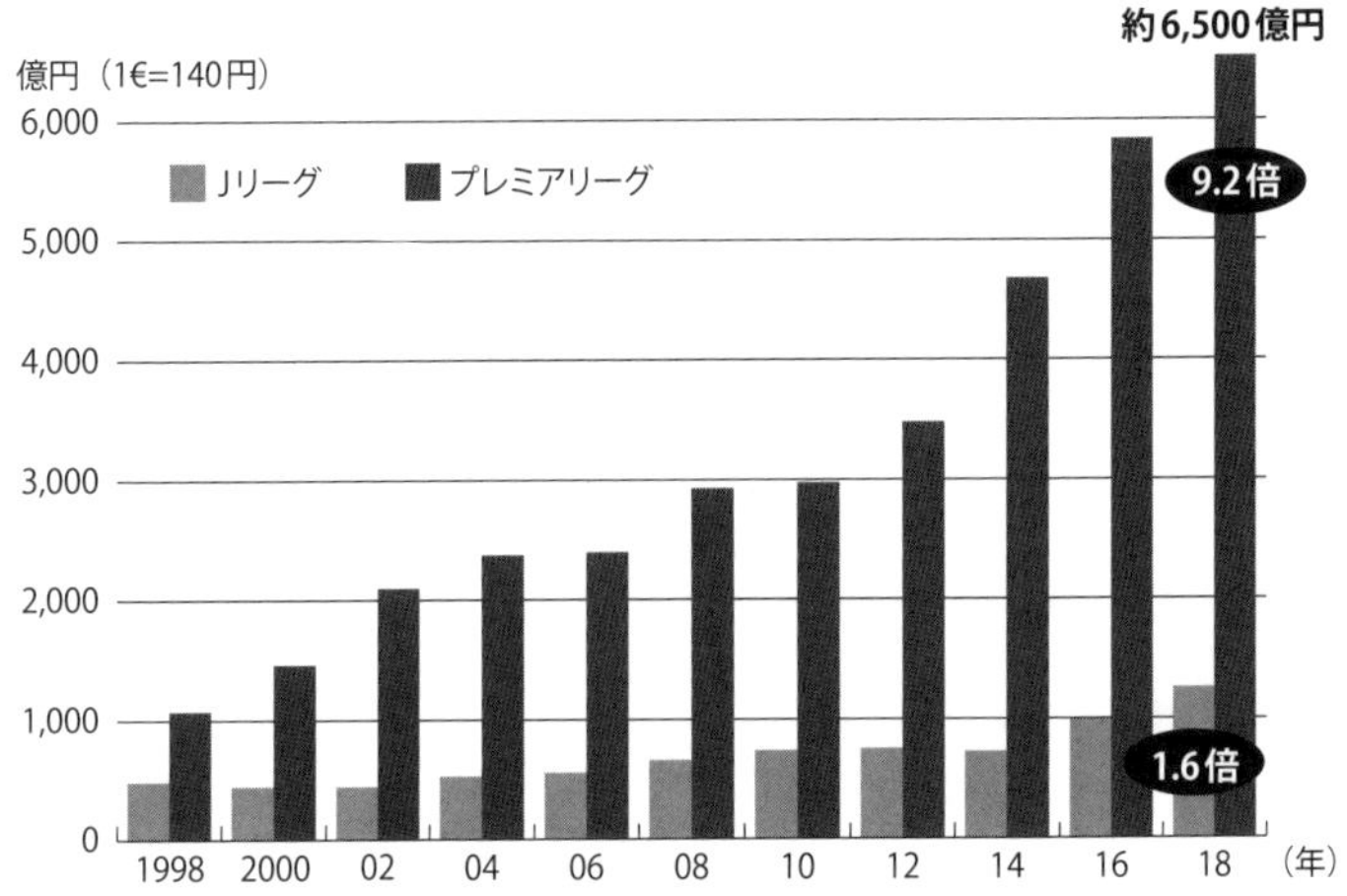

出所：Deloitte Annual Review of Football Finance, J League annual report

ほぼ横ばいで推移してきたのに対して、アメリカのメジャーリーグ（野球）とイングランドのプレミアリーグ（サッカー）はどちらも一目瞭然の右肩上がりです。

サッカーではイングランドだけでなく、ドイツのブンデスリーガもアメリカのプロスポーツを参考にして、売上を飛躍的に伸ばしています。

後に詳しく記しますが、ヨーロッパのプロスポーツも、アメリカで実証された実例を学び、上手にローカライズすることで成長産業に育ててきました。平たく言うと「うまくパクっている」ということになるのですが、本書ではその中身、つまりアメリカやヨーロッパで進められた5つの大きな改革について詳述していきます。

スポーツの力を最大化するために「知っておくべき」こと

本書を執筆する大きなきっかけとなったのは、とある政治家の先生とゴルフに行ったときの何気ない会話でした。

「安田さん、僕も東京オリンピック・パラリンピックに問題があるのは感覚的に理解できるんだけどさ、具体的に何が問題で、どうしたらいいのかさっぱりわからないんだよ」

なるほど……。巨大な利権が裏側で動いているオリンピック・パラリンピックに、僕はただ無力感を覚えるだけでしたが、一方で「より良くしたい」と真剣に考えている人もたしかにいることに気づかされました。実際にオリンピックが近づくにつれ、似たような当惑の声を耳にする機会がどんどん増えてきています。

そして「ペンは剣よりも強し」を信じ、一念発起しました。

僕は26歳で起業し、25年間、スポーツビジネスの業界で働かせてもらっています。その楽しさと喜び、そして感謝の気持ちはとても言葉にできません。

その一方で、いつでも心のどこかで「もどかしさ」を覚えていたのも事実です。

もどかしさの理由は、日本の有力者たちが世界の実情も知らぬまま、あまりに重大な意思決定を続けているとしか思えないことです。平たく言うと「トンチンカン」なことばかりしているように見えるのです。

スポーツはそもそも人間としての本質的な活動の1つであり、同時に大衆に親しまれることで発展を続けてきました。

ただ、あまりにも大衆的となり、幅広い活動でもあるがゆえに、どんな立場の人でも自由自在に語ることができてしまう。つまりは「知識レベルに関係なく言いたい放題、やりたい放題」で、議論が一定方向にまとまらず「有力者の一声で物事が動く」という難題があります。

たとえば、スポーツ以外の「未知なるモノへの挑戦」の1つに「iPS細胞の研究」があります。スポーツ同様、多くの日本人に夢と感動を与えてくれています。

でも、僕はもちろんですが、たいていの人々は基礎的な知識すら持っていないと思います。専門的な知識のない人は、傍観しつつその発展を願うという立場になります。

一方のスポーツはラグビーワールドカップの「にわかファン」のように、誰でもわかりやすく感動できるため、自由に思考し、発言することが可能です。それはそれで素晴らしいことではあるのですが、反対に有力者の「にわか発言」が業界の発展を妨げることが多分にあるのです。

たとえば、「ラグビーのプロ化」についてです。「これだけ感動を与えたラグビーだから、プロ化するのは当然だ!」と、闇雲に熱く語る有力者も多いです。実際に巨額の予算が動いたりしています。

でも、実際にはラグビーは競技特性上、年間に20試合戦うのが限度です。野球は140試合以上、バスケットボールは60～80試合、サッカーは40試合。プロ化、すなわち商業ベースに乗せるには興行機会の少なさに大きな課題があります。また、芝生の消耗が激しいという競技特性から、サッカー場や陸上競技場との共同使用にも課題は存在しています。

「iPS細胞」の遺伝子の数などは専門的と言えるでしょうが、ラグビーと野球の試合数の違いぐらいは、どんな素人でもわかるのではないかと僕は思います。

こんな感じで、本書では「スポーツビジネスの基礎的な考え方」を紹介するとともに、大胆なたとえ話を用いて「頭の体操」をしていただきます。「スポーツ立国」という目的のためには、それが一番の近道だと考えるからです。

圧倒的な差は、圧倒的な「伸び代」である

日本のスポーツ界をより良くしたいという思いの原点は、実は学生時代に訪れたハワイにあります。法政大学体育会アメリカンフットボール部の選手だった僕は、アメリカ合衆国のハワイで参加した短期合宿の間に強烈なカルチャーショックを受けたのです。

プロコーチによるプログラム化された指導は目からうろこでしたし、何より同じ大学生の体格の違いには本当にびっくりしました。

恵まれた環境、充実した施設の数々にも驚かされました。トレーニングジムは想像を絶する

広さを持ち、カフェテリアでの食事はビュッフェ形式で栄養満点。肉も野菜も食べ放題でした。みんなが友達同士のように触れ合っているので、誰が1年生で誰が4年生なのか、皆目見当もつきませんでした。

学食でラーメンライスを食べながら、1年生を坊主頭にしてグラウンド整備をさせていた僕らとは、根本的な発想がまるで違うと感じました。でも、お互い同じ大学生であり、活動の目的もまったく同じ「勝利」なはずです。

この差はいったい何なんだろう。
なんで同じ大学生なのにこんなに違うんだろう。

合宿地となったハワイ大学は、お世辞にもアメリカンフットボールの強豪校とは言えません。大学そのものの規模もアメリカ全体から見ればさほど大きくないのです。
日本のスポーツの環境を根本的に変えなければ、世界からおいていかれてしまうのではないか。当時20歳だった僕が感じた危機感は、30年たった今でも色褪せることはありません。

競技のプロ化をめざすなら、文明開化の際、かつての日本人の先輩たちが世界各国の最新知識をかき集めたように、世界でもっとも成功しているプロリーグを骨の髄まで研究すべきでしょう。最先端のスポーツビジネスは、精密エンジンのように精緻な設計により組み立てられています。

自分の経験や感覚で物事を語るのではなく、海外にある成功事例を研究して、具体論を積み重ねるべきです。スポーツを愛する人々が「村社会」から脱出するきっかけに、本書がなってくれれば、これほど嬉しいことはありません。

本書の構成

タイトルをご覧になって、デービッド・アトキンソン氏執筆の『新・観光立国論』のパクりではないかと思われた方もいるかもしれません。実は、まさにそのとおりです。

そうはっきり言えてしまうのも、執筆をする最後の決め手となったのが、当のアトキンソン氏から「スポーツに対するそんな〝想い〟があるなら、君も本を書くべきだ」と言われたことだからです。

執筆すると決めたからにはやっぱり売れてほしいので、今では有名なベストセラー作家となったアトキンソン氏の威を借りて、素直にタイトルを寄せてみました（日本のスポーツ業界もこんなふうに、成功事例をうまくパクってくれればいいのですが）。

本書は、以下の7章で成り立っています。

第1章は総論です。まず「スポーツ立国論」を考えるための重要な前提となる、スポーツ自体の大きな価値を浮かび上がらせます。

スポーツの本質的な価値を、①経済的な価値、②教育的な価値、③健康に関わる価値、と大きく3つに分類し、議論の枠組みをつくりました。本書ではとりわけ①の経済的な価値に焦点を合わせています。アメリカにおいていかに各種改革が進み、スポーツが巨大産業化してきたか、その概略を記します。そして、まずはスポーツ立国に向けた大きなビジョンを示します。

アメリカで進んだ各種改革は、大きく5つの領域に分けられます。いずれも重要なその5つの領域の改革について、第2章から詳しく解説していきます。

第2章が「スタジアム・アリーナ改革」、第3章が「リーグ・団体改革」、第4章が「学校・大学改革」、第5章が「女性スポーツ改革」、第6章が「メディア改革」です。そして、第7章に「スポーツと地方創生」として、『スポーツ立国論』をまとめました。

スポーツ産業化の一丁目一番地が、第2章の「スタジアム・アリーナ改革」です。

欧米のスポーツが〝稼げるスタジアム〟〝稼げるアリーナ〟をどのように確保し、自治体や一般企業を巻き込みながら大きな収益をあげているか。それらの優良モデルに照らしながら、日本の課題を浮き彫りにしていきます。

日本のスポーツが十分に稼げずにいる大きな理由は〝組織づくり〟にもあります。「リーグ・団体改革」の必要性を論じる第3章では、縦割りの村社会という構造の競技団体や統括組織をどう改善すべきか、先駆者のアメリカを模範として展望していきます。

リーグや団体など大きな組織と両輪の関係にあるのが個々のチームや学校です。第4章のテーマである「学校・大学改革」は、主にアメリカの学校がどのようにスポーツを活用してきたのかを論じます。スポーツはあくまでも教育の一環であり、その教育活動をより充実せしめるためのスポーツの活用という好循環のダイナミズムを紐解きます。

その学校教育の内側におけるさらなる改革が、第5章で取り上げる「女性スポーツ改革」です。

女性のスポーツ参加率を急上昇させる大きな契機となったアメリカの法律とは何か。そしてそれが女性の社会進出にどんな影響を及ぼしたのか。今すぐにできること、誰も損をすることなく、女性の社会参画率の引き上げを可能にする「夢のような具体策」を提示します。

これらのすべての改革によって最適化されたスポーツ界は、メディアの効果的な活用によってその価値が大きく増幅されます。「メディア改革」がもたらす恩恵について詳述する第6章では、アメリカの先行事例を検証します。何よりも重要なのが〝徹底した顧客中心主義〟であり、そもそもの意識改革の必要性を提起します。

第7章では、ここまで論じてきた改革の具体例として、僕たちが実際に行っている「いわきFC」や「沖縄」のプロジェクトをご紹介し、日本における「スポーツ立国」の道しるべを示したいと思います。僕が代表を務める「株式会社ドーム」が福島県いわき市で進めている「いわきFC」のプロジェクトがどのように地方経済を回していくか。そんなモデルを提示します。

スポーツ立国の基本は「一身独立して一国独立す」という福沢諭吉が残した概念と軌を一にします。個々の自立、学校の自立、チームの自立、地域の自立。そんなエネルギーの源泉となるスポーツには、地方創生の「切り札」とも言える力があるのです。

スポーツが人材をつくり、人材が日本を変える

本書では、スポーツが本来持っている経済的な価値を中心に記しています。その上で僕自身の持論をあえて言わせてもらえるならば、次のようになります。

スポーツの一番の価値は「優秀な人材の輩出」にほかならない。

本書では、日本と同じように「学校スポーツ」が中心となる社会構造を持つアメリカの事例を多く記していますが、アメリカにおいてスポーツはそもそも学校の正式な教育プログラムとして認定されています。

すなわち、学生はそれによって単位がとれたり、用具や遠征費を学校に拠出してもらえたりします。指導者は学校からお給料をもらえます。アメリカには「教育」というきわめて大きなテーマが机の上で完結するはずがないという社会通念、コンセンサスがあるのです。

・リーダーシップを学ぶ
・チームワークを学ぶ

・相手を敬う気持ちを学ぶ
・戦略的な思考を学ぶ
・敗北を学ぶ
・立ち直る勇気を学ぶ

などなど、スポーツで具体的に学べるモノは、とても書ききれるものではありません。

一方で日本の歴史を紐解いてみても、我が国の基礎をつくってきたかつての為政者の多くは武人でした。日本人が大好きな織田信長も坂本龍馬も武人であり、戦《いくさ》や剣の達人と言われていました。もとより「文武両道」は日本における最高の誉め言葉の1つと言えるでしょう。

日本を代表する軍人であり、思想家でもあった石原莞爾は自書『世界最終戦論』で、未来の地球についてこう説いています。

「人類の闘争心は決してなくならない。一方で、それは文明発展の原動力である。最終戦後は、その闘争心を武力闘争に用いようとする衝動は解消し、平和裏により高い文明を建設する新しい競争に転換し、闘争的本能を満足させるのである」(要約)

この書に触れ、僕は「本能として失われることのない闘争心の受け皿として、スポーツは存在する」と確信しました。そして「その闘争心こそが文明発展の原動力である」という点にも大いに納得しました。

スポーツは社会の縮図です。

そして、現在の日本スポーツ界は日本社会の縮図です。日本のスポーツ界の矛盾や問題点を知り、解決策を実行に移していくチャレンジは、すなわちこの国の形そのものを変える挑戦と言えるでしょう。

その担い手となる優秀な人材、「未知なるモノへの挑戦」をいささかも恐れない勇敢な若者たちが、日本からどんどん輩出される未来へ。拙書が幾ばくかの影響を及ぼせたとすれば、これほど嬉しいことはありません。

「スポーツが僕らの未来に、キラキラした光を灯すことを願って」

2020年2月

安田秀一

目次

第2章

「スタジアム改革」で負を正に変える

第**3**章

「スポーツ団体」に民主主義を導入する

第4章

学校スポーツで稼ぎ、「教育」を充実させる

第5章

「女性スポーツ改革」がダイバーシティ社会を切り拓く

第6章

「メディア改革」でスポーツの稼ぐ力を最大化する

第7章

スポーツ立国は「地方」から始動する

第1章

世界ではすでに「スポーツ立国」が始まっている

独立の気力なき者は必ず人に依頼す、
人に依頼する者は必ず人を恐る、
人を恐るる者は必ず人にへつらうものなり。

福沢諭吉

自分の中で、何かがガラガラと崩れた日

それは忘れもしない今から6年前、2014年9月4日、ニューヨークで過ごした1日です。

「ああ、世界はここを中心に回っている。自分が思っていたほど世界は甘くない……」

その日、僕は見たこともないような高輝度の巨大LEDが「そびえ立ちまくる」タイムズスクエアを、さまようように1人ふらふらと歩いていました。いくつかの体験や場面が重なりあって、自分の中に毅然とあった日本の優位性に対する自信、それがガラガラと音を立てて崩れていくのを感じました。

その前日、アンダーアーマー・創業者で僕の大親友ケビン・プランクが、ニューヨークで世界最大の投資銀行が主催する起業家対象のディナーパーティに招待されていて、アンダーアーマーの日本総代理店を任されている僕も同行させてもらえました。ボルチモアのアンダーアーマー本社での会議が終わった直後、17時にヘリコプターに乗って約1時間後にニューヨークに到着。18時半には会場となっている高級レストランにたどり着きました。

総勢50人くらいでしょうか。起業家と言っても、普通に僕も知っている企業、顔を知ってい

る社長も多くいました。アウェー感が表情に出ないよう、余裕ある素振りをするだけで精いっぱい。誰も僕を見てないんだろうけど。

そんな感じで、密かにそわそわしていた僕とは対照的に、明るくてトークのうまいケビンは主催者や起業家たちに取り囲まれ、人気者でした。ケビンに放っておかれている僕のアウェー感が深まる中、開始時刻となり、きれいな金髪のキリッとした女性ＭＣがクリアな英語で着席を促します。

あら、隣の席のはずのケビンが、また勝手にどっか行っちゃってるよ……と思ったら、え、あれれ、ケビン、ＭＣに呼び出されて、あら、ステージに上がっちゃったよ。ん？　これって、もしかしてケビンの話を聞くディナー会？

と、事情もまったく知らぬまま、僕はニューヨークで「投資銀行が主催する起業家ケビンの話を聞くディナーパーティ」に出席していたのです。そんな状況に驚いている暇もなく、女性ＭＣとケビンの軽快なやりとりはスタートします。

引き続き驚いたのがＭＣの「アンダーアーマー事情」の詳しさでした。商品のことはもちろん、戦略的な内容、たとえばマーケティングキャンペーンや契約選手の状況などを、まるでアンダーアーマーの幹部のように熟知していました。気の利いた質問の連続にケビンもノリノリで回答。会話はどんどん盛り上がっていきます。

さらに驚いたのが、聴衆となった有名起業家たちが、内輪話にも近いアンダーアーマーという「一スポーツメーカー」の活動内容に興味津々で、会場が一体感を帯びていたことです。トークの後の質疑応答も一斉に挙手という状態。そんな中でも、

「ボルチモア出身の（NBAのスター選手の）ケビン・デュラントは来年ナイキとの契約が切れますよね？　獲得しないのですか？」

など、スポーツ記者顔負けの質問が続出していました。繰り返しますが、そこはニューヨークの高級レストラン。集まっているのはスポーツとはまったく関係ない起業家たちです。

感じていたアウェー感などどこかに吹き飛んで、「スポーツがビジネスとして、ここまで社会に浸透しているのか……」という実態に、衝撃を受けました。

「これが日本だったら、どうなっているだろう」

僕はそんなことをイメージしました。日本を代表する起業家たちが、スポーツやスポーツビジネスに関して、ここまでの基礎知識と興味を持って、熱心に僕の話を聞いてくれるだろうか。

「え、スポーツビジネス？　スポーツならそこそこ興味あるけど……おたく今売上どのくらい？」

と、失笑されているイメージしか湧いてきませんでした。

朝のニュースが「スポーツ用品メーカーの戦略」の話題でもちきり

翌朝、テレビをつけると、どこかで見たことある顔が映っています。

「これ、昨日のMCじゃん。こんな有名なモーニングショーのMCをやっているセレブリティ（有名人）だったんだ。あれ、何だ、リンジー・ヴォンじゃん。ん？　アンダーアーマーのプロモーションキャンペーンの話？　おいおい、ジゼルまで登場して、朝っぱらからアンダーアーマー・トークがニューヨークで全開じゃん」

と、ぱっちり目が覚めてしまいました。ボルチモアという地方都市の一スポーツメーカー、そのキャンペーン内容を全国ネットのモーニングショーで流すなんてことは、日本ではイメージすら湧きません。

でも、ここニューヨークでは、液晶ディスプレイの向こう側でアルペンスキーの女王と、世界一年収の高いスーパーモデルが、アンダーアーマーの特集コーナーでノリノリでしゃべっているわけです。しかもその前夜に僕が名刺交換したMCと一緒に。

自分の常識をぶち壊すに十分な圧倒的リアリティの連続に、なぜか全身の力が抜けていくような感覚になりました。

欧米のスポーツビジネスは「最先端産業」である

少し冷静になってから、ちょっと考えてみました。

「昨日から今朝までの俺の過ごした現実。その登場人物の中で、ケビン以外に俺のことを知っている人はいったい何人いるだろう」

それに対して盟友ケビン・プランクは、ニューヨーク中の誰もが知っているセレブリティ。全国ネットのモーニングショーで特集される最先端ビジネスのスター経営者です。

「昨日いた人々、今朝のテレビのセレブリティたち。そもそも日本のスポーツ選手のことって知っているのかな?」

もしかしたらスポーツ選手どころか、1人の日本人すら知らないんじゃないか。

「ふう……」

大きく深呼吸して、テレビを消しました。ほどなくホテルを出て、ニューヨークの街をテクテク歩きながらいろいろ考えました。

日本はＧＤＰ世界第3位の経済大国。でも1人あたりＧＤＰは世界第27位。

リーマンショックはアメリカ経済を10年は停滞させると思っていたけれど、すぐに株価も回復した。

アベノミクスって、このニューヨークでいったい誰が知っているんだろう。

『ジャパンアズナンバーワン』という本が世界的なベストセラーだった時代に育った僕。ずっと日本の力を信じていました。根拠なく自信を持っていました。

途方に暮れるように歩き続け、気づいたらタイムズスクエアにいました。そして、そびえ立つ巨大ＬＥＤの数々を見て、

「うん、やっぱり違っていた。そんなんじゃない。世界はここを中心に動いている」

という冒頭部分の感覚が自分の中から湧き上がってきたのです。

根拠のない自信……自分を支えてきた何かがガラガラと崩れました。ただ意外と早く、違う感情がムクムク湧き上がってもきました。世界中から夢を持つ人々が集まってくるニューヨー

クという街のパワーが僕に伝播したように感じました。

「よし！　もう、そのうちアメリカが落ちてくるとか、日本人はすごいから必ずや復活するとか、そんな他力本願や希望的観測はやめよう」

「自分の時代にはアメリカに追いつくことはできないだろう。でも、次の世代で何とか追いつけるような土台はつくろう。それを目標にがんばろう」

2014年9月、そう心に誓ったニューヨークでした。

そんなわけで、僕の中で一番の衝撃だった日の記憶を皆さまに追体験していただき、これから展開していく「世界で起きている事実」への感度を高めてもらえたら、という導入でした。

ポイントは、欧米諸国において、スポーツの社会的地位は非常に高く「もっともホットなビジネスである」という事実と、僕を含めた日本人の「ガラパゴス化」に対するアラートです。

さあ、具体論に入っていきます。準備はよろしいでしょうか。

スポーツは本質的に「稼げる力」を持っている

世界のスポーツシーンの最先端をいくアメリカ。そのアメリカのスポーツといえば、ＮＦＬ（アメリカンフットボール）、ＮＢＡ（バスケットボール）、ＭＬＢ（野球）、ＮＨＬ（アイスホッケー）の４大プロスポーツが有名です。

ヨーロッパではサッカーが盛んです。イングランドのプレミアリーグ、スペインのリーガエスパニョーラ、ドイツのブンデスリーガ、そしてイタリアのセリエＡが、４大リーグと称されています。

どれも「お金」の匂いがプンプンとする、つまりはビッグビジネスのイメージを誰もが感じると思います。

のみならず、ボクシングの世界タイトルマッチでは、２０１５年にフロイド・メイウェザーＪｒ．が対マニー・パッキャオという世紀のマッチメイクで、天文学的なファイトマネーを稼ぎ出しています。

現在ではスポーツは一大産業となり、国や地域の経済を活性化している実例をいくらでも挙げることができます。

そうした実例が示しているとおり、スポーツは本質的に「稼ぐ力」を持っています。何もプロスポーツだけではありません。オリンピックや学生スポーツも、稼げるという同じ本質を持っているのです。

日本と世界の違いは「カネのなる木」を育てる人がいるかどうか

欧米では、スポーツこそイケてるビジネス。つまりは〝金の卵〟がゴロゴロ転がっている業界と認識されています。その事実に気づき、努力を重ねて〝カネのなる木〟に育て上げてきた人々が欧米にはたくさんいるのです。

その点、日本ではどうでしょうか。スポーツを〝カネのなる木〟に育てようとする努力の前に、そもそもスポーツが〝金の卵〟だという事実にすら気づいていません。つまりは認識そのものから大きな違いがあると思っています。

たとえば僕が子どものころの日本では、サッカーのワールドカップは今のような盛り上がりも、高額な興行収入も想像すらできないマイナーな大会でした。しかし現在では、ワールドカップは説明する必要もないほどのビッグビジネスです。今、世界では「サッカーに続け！」とばかりに他のさまざまな競技団体が「世界大会」の育成、〝カネのなる木化〟に躍起です。

それが現実なのですから、日本においてもスポーツという〝金の卵〟を孵化させて、欧米と同様かそれ以上の産業化を進め、〝カネのなる木〟に育て上げていくべきでしょう。そのためには具体的にどうすればよいのか。これが本書の大きなテーマです。

「スポーツ立国論」を論じる根底にあるのは、この国を豊かにしたいという強い思いです。スポーツがもたらす多様な「豊かさ」とはいったい何なのか。

まず、そんな抽象的な暗黙知を「スポーツの本質的な価値」として因数分解し、形式知にすることから始めたいと思います。

スポーツの「3つの本質的価値」

スポーツにはいったい、どのような価値があるのでしょうか。

その価値を形式知とすべく、僕が代表を務める「株式会社ドーム」の経営企画部では世界中の資料をかき集め、膨大な時間を割いて調査し、議論を重ねました。そして、スポーツの本質的な価値を以下の3つに定義することにしました。

・スポーツの価値①：地域経済・内需・雇用拡大
・スポーツの価値②：未来を支える人材の育成・開発
・スポーツの価値③：健康増進・社会保障費削減

簡単に言えば「①経済」「②教育」「③健康」です。順番に説明します。

①地域経済・内需・雇用拡大

スポーツは経済を動かし、富を生みます。とりわけ地域経済を活性化し、内需を創造し、雇用を拡大することが可能です。

スポーツをビジネスとして噛み砕く際に重要なキーワードとなるもの、それが「ローカル」と「ロイヤリティ」です。

人は誰しも生まれ育った地域や、通った学校などローカルなものへのロイヤリティを持っています。ロイヤリティは「愛着」「忠誠心」と訳されます。

スポーツビジネスは基本的に「ローカルへのロイヤリティを喚起し、経済をつくり、回していく」ビジネスモデルです。内需をつくり出すので、為替や海外情勢など外的要因に左右されるリスクもありません。

②未来を支える人材の育成・開発

「はじめに」に記したとおり、古来より「文武両道」は日本人にとって最大の賛辞の1つでした。

そもそも我が国の政《まつりごと》を司ってきたのは文武両道の武将でした。人材育成・開発という幅広く奥深い目的を達成するためには、家庭教育や学校の机の上だけでは不十分であることは、誰の目から見ても明らかでしょう。

本書を手にとられている親御さんの中には、ご子息やご令嬢に何かしらのスポーツをやらせたいと思っている方もいらっしゃるのではないでしょうか。

たとえば少年野球やサッカースクール、柔道や剣道、スイミング教室など地域のスポーツ団体や学校の部活動は、身体を鍛えるだけの場ではありません。挨拶など礼儀を学べますし、団体行動の指導もしてくれるなど、教育面における大きな期待があるはずです。

すなわち、スポーツはすでに我が国の人材育成における重要な社会基盤を担っているという実態があるのです。その価値をより明確にし、社会的に正当な評価を与えねばなりません。

③健康増進・社会保障費削減

我が国の国家予算において、社会保障費は増加の一途を辿っており、2020年度予算で約

35兆8608億円にまで膨れ上がっています。

運動不足が高血圧や糖尿病など生活習慣病の大きな要因となっているのは、医学的に証明されています。スポーツをする習慣がもっと社会に浸透すれば、膨れ上がった社会保障費は確実に削減できます。

また、世界スポーツ用品工業連盟（ＷＦＳＧＩ）の調査によると、幼少期から運動する習慣のある人々は、スポーツをしてこなかった人々と比べて、成人後の医療費が年間約30万円も少ないというデータもあります。

国家予算という収支に当てはめてみると、健康寿命や現役年齢を伸ばすことで、社会保障費というコストを、労働による税収というプロフィットに変えることができるのです。そんな「破格の効果」だけとってみても、「スポーツ立国」をめざすには十分な理由ではないでしょうか。

学生スポーツで稼ぎ、教育に投資する

日本の大きな課題の１つは、スポーツの価値①の「経済を動かし、富を生む」という、欧米では当たり前の事実が十分に認識されていないことです。

欧米のスポーツ産業は、1984年のロサンゼルスオリンピックを契機としてダイナミックに進化をとげました。

オリンピックという文化活動を大きく発展させた要因の1つが、経営ビジョンです。組織委員会の長に抜擢されたピーター・ユベロスという民間人が経営手腕を発揮し、税金を財源とする補助金には頼らず、独立採算でオリンピックの黒字化を実現してみせました。

その成功にならい、欧米では各競技団体だけでなく、学校の運動部や地域のスポーツクラブまでもが経済的な自立をめざすようになりました。やがておのおのがお金を稼ぎ、その収益を再配分するようになります。

アメリカに行けば、Jリーグのクラブよりも立派なスポーツ施設を備えた公立高校がいくらでもあります。イギリスに行けば、名門スポーツクラブで小学生や中学生が、無料でプロと同じ施設を使えたり、プロ指導者からの手ほどきを受けられたりします。

学校の「課外活動」という位置づけにある日本の部活動とは異なり、アメリカの学校では運動部の活動が学校の正規の教育プログラムとして認められています。単位が与えられるケースもあります。監督やコーチなど指導者は教職員と同様の社会的な地位を保証され、応分の報酬を得ています。

スポーツで稼ぎ出されたお金は、教育に再投資されます。「教育にはお金がかかる」という

図表1-1　アメリカンフットボールの試合に熱狂するセントジョーンズ高校の生徒たち

社会通念があり、そのお金を稼ぐ手段としてもスポーツが活用されているのです。

日本では反対に「教育だから商業化はしません」という奇妙な論理が浸透しています。謎です。

たとえば日本の高校球児は高い部費を払い、自分で道具を買いそろえ、土のグラウンドをサッカー部と共同利用するという状態です。つまり、経済的負担はすべて家計が負い、予算の足りないところは我慢することこそが「教育」である、という論理です。

アメリカの学校はスポーツでお金を稼ぎ、施設整備やチームの運営費を賄うのはもちろん、優秀な生徒を集めるマーケティングツールとして活用しています。つまり、スポーツの持つ魅力をフル稼働させて、教育環境を整えているわけです。

無駄なものにお金を使い、稼ぐべきところで稼がない日本

スポーツとは直接関係ありませんが、日本ではなぜか全員が新品の教科書を購入しなければなりません。欧米では同じ教科書であれば、前年の学生から譲り受けられる仕組みがあります。なぜ日本では無駄なものにお金を使い、稼ぐべきところで稼がないのでしょう。日本の教育現場では、いったいどこの誰が儲け、小さな利権を独り占めしようとしているのでしょうか。

オリンピックスポーツでも同様の現象が発生しています。

国際オリンピック委員会（ＩＯＣ）がプロ化、商業化を明確に謳っているのに対して、日本の各競技団体は選手のプロ化や競技の商業化を「何となく避けて」います。

スポーツで儲けることができないから国家や家計の負担が増え、最優先事項の安全対策などに予算が回らず、競技レベルも思うようには上がらない。そんな悪循環に陥っているのに、プロ化を避けるという謎としか言いようがない状態が続いています。

プロ化を明確にすると、いったいどこの誰が困るのでしょうか。どこかに利権でもあるので

しょうか。

スポーツは社会保障費削減につながる

③の健康という価値も、当然ながら経済と密接に関係しています。

高齢化により社会保障費が増大し続けている現代の日本をゴルフに例えてみると、

・社会保障費が必要な不健康な高齢者が増えると「ボギー」
・バリバリ働き、消費し、納税する元気な高齢者が増えると「バーディ」

ということになります。

不健康が進み、医療費や介護費が嵩むといよいよ「ダブルボギー」「トリプルボギー」のホールが続きます。スポーツブームにより、国民全体が健康になれば「パー」が増え、スコアがまとまってくるでしょう。

国家が戦略的にスポーツ促進の政策を組めば、健康寿命が延び、高齢者が生産者となって「バーディ」のホールが続きます。社会保障費は減り、税収が増えます。

つまりスポーツの産業化はマイナスをプラスに転換してしまうという、まるで「魔法のような経済政策」になりうるのです。

人口が減少して、空き家対策が必要なのが現在の日本です。しかしながら、いまだに国家は「住宅ローン減税」など、不動産や住宅、建設産業に有利な政策をとり続けています。

いったいこの国を動かしているのは、どんな力学なんでしょうか。

アメリカのスポーツは、どのように「稼げる」ようになったのか

そんなアメリカでも、かつてスポーツは〝金食い虫〟でした。大きな転換点となったのが、前述した1984年のロサンゼルスオリンピックです。

経済的な大成功を収めたオリンピックを見て、アメリカ人たちは「おい、スポーツは儲かるじゃないか！」と気づきます。ロサンゼルスオリンピックの成功は、アメリカの各種スポーツシーンに大きな影響を及ぼします。

各競技、各団体、プロアマを問わず、さまざまな改革が断行されました。その結果、「コストセンター」だったスポーツは収益を生み出す「プロフィットセンター」となり、現在では巨大な成長産業としての地位を確固たるものにしています。

具体的には後に詳述しますが、改革の担い手たちが一様に持っていたのは「スポーツを産業化していく」という明確なビジョンでした。ひょっとしたら、スポーツは儲かるという下心だ

ったのかもしれません。

ともかくそのビジョンに賛同したのは、スポーツ業界だけではありません。ロサンゼルスでの大成功により「スポーツは町おこしに最適！」と地方自治体も気づきます。

「スポーツを産業化する」という目標を民間企業と共有することで、各地でスポーツ産業は目覚ましい成長を遂げることになります。「確固とした経営ビジョン」と「官民一体」。どちらも重要なキーワードです。

そんなアメリカのスポーツ改革ですが、その要素を因数分解してみると次の5つの領域に分類できます。

①スタジアム・アリーナ改革

スタジアムやアリーナにおける「カスタマーエクスペリエンス」の最大化をめざし、最適な立地を選び、徹底したホスピタリティを追求。集客と客単価の増加につなげました。

②リーグ・団体改革

たとえば野球のメジャーリーグ（ＭＬＢ）であれば、個別の球団がそれぞれ利益を追求するのではなく、リーグ全体で巨大な収益を生み出す「全体最適」の仕組みをつくり上げました。

③大学改革

大学スポーツのロイヤリティを徹底的に活用してマネタイズしました。その収益をアカデミックな分野を含めた教育環境の改善に再投資して、学校のレベルを全体的に引き上げています。

④女性スポーツ改革

男女の教育機会均等を保証する法律（通称「タイトルⅨ《ナイン》」）を整備して、アメリカにおける女性のスポーツ参加率を飛躍的に高めました。

⑤メディア改革

スポーツコンテンツ特有の価値を顕在化させて、企業広告や放映権料からの収入を飛躍的に増やしました。同時にメディア企業の価値も高める互恵関係が形成されています。

ロサンゼルスオリンピックを契機にアメリカが官民一体となって進めてきたのは、こうした多角的な改革でした。日本でも眠っているスポーツの価値を顕在化させ、経営ビジョンを持ち、官民一体となってスポーツ産業化をめざせば、劇的な変化が生まれるはずです。

スポーツ立国で日本はどうなるか

スポーツの拡大は日本人のライフスタイルを、現在よりもはるかにアクティブで豊かなものとするでしょう。スポーツの産業化によって生まれた富や活力は、経済のあらゆる分野に、さらには地域や学校にも再投資されるようになります。

教育機関は優秀な人材を育成し、彼らが中心となって日本経済全体を活性化していきます。これは僕の妄想などではなく、ボルチモアの街を再開発し、ニューヨークで起業家たちをインスパイアしたアンダーアーマー創業者ケビン・プランクのように、欧米では実際に起こっている現実なのです。

まず必要なのは、スポーツこそが経済を活性化できるという価値を顕在化させることです。前記したアメリカの5つの改革が、その処方箋です。それぞれのちに詳述します。

スポーツビジネスのアクティベーションにより、経済は潤い、地域は活性化し、国民は健康になり、国家そのものが勢いを取り戻していくはずです。スポーツを通じて〝日本という国の形〟を変えていくのが、この「スポーツ立国論」の趣意となります。

こうした変革が実現すれば、ポテンシャル満載の我が国のスポーツ市場は、アメリカと同様の成長、つまり現在の5倍の産業規模、約20兆円産業にもなりえるでしょう。

スポーツの産業化は「時代の必然」

アメリカのスポーツ産業が急成長をとげた背景には、時代の変化がありました。「モノからコトへ」という言葉が象徴するように、一般的な成熟国家における消費動向の劇的な変化です。このパラダイムシフトを、アメリカのスポーツ産業はうまくキャッチしていたのです。

モノからコトへ――。この言葉が意味しているのは、消費社会における人々の欲望の対象の大きな変化です。

従来の欲望の対象はテレビや車などの「モノ」そのものが中心でした。それが現在は、情報やサービス、感動などの「体験」に代表される無形の価値、すなわち「コト」へとシフトしているのです。

たとえばテレビなら、かつての「大画面テレビが欲しい」という欲望から、今では「どこで何を見たいか」という欲望に転換していきます。消費者のニーズは「より大きな液晶テレビ」という「モノ」ではなく、「通学時間に、スマホで〇〇を見る」という「コト」に変化しているわけです。

アメリカで発展してきたスポーツの産業化を理解するには、この背景をしっかりとつかんでおく必要があります。

スポーツとは、まさに「コト」そのものです。欧米のスポーツ産業が急成長をとげたのは、より刺激的な体験（＝コト）を求める現代人の欲望を、スポーツを駆使して巧みにマネタイズしてきた結果です。

少し前から「カスタマーエクスペリエンス」という言葉をよく耳にするようになりました。直訳すれば「顧客体験」となります。「カスタマーエクスペリエンスの最大化」は、一般的には近年のサービス産業における最上位価値におかれています。

そもそもモノが余り、選択肢だらけのこのご時世。「少しでも嫌な体験をすればお客様は2度と帰ってこない」という現実があります。いかに「最高の体験」を演出して、現代人の欲望を満たしていくか。その成否が大きなカギを握っているわけです。

カスタマーエクスペリエンスという観点で1つの模範となるのが、15億ドル（約1650億円）という巨額の建築費を費やしたニューヨークのヤンキー・スタジアムです。

バックネット裏のシートはゆったりとした大きさで、ふかふかな座面の「座り心地の素晴らしさ」は、テレビ中継からも確認できます。観客席も隣席の人の肘が気になったり、トイレに立つのもひと苦労だったりという〝嫌な経験〟をしないように設計されています。

「家族と一緒に訪れたヤンキー・スタジアムでの体験」という「コト」は、1人の子どもにとって忘れられない記憶となるでしょう。その記憶の連鎖が未来のメジャーリーガーやコアファンを生み、育てていくわけです。

欲望とロイヤリティをお金に換えるのがビジネスの本質

ビジネスには「人間の欲望をお金に換える」という本質があります。第一次産業であれ、第二次産業であれ、その本質自体は変わりません。

どんな人でも、欲望という強烈な本能を持っています。その本能を刺激することによって、古今東西のビジネスは成立してきました。

たとえば「遠くへ行きたい」という欲望が生み出したものが船舶であり、自動車であり、飛行機です。「もっと便利に情報を集めて、世界中の人と素早くコミュニケーションをとりたい」

という欲望から、郵便が生まれ、通信が産業化され、ＩＴ産業が発展しているわけです。欲望こそ、ビジネスの源泉です。欲望を刺激し、顕在化させ、自社製品に引き寄せる。これがマーケティングにほかなりません。

マーケティングやブランディングの究極目的は、ロイヤリティの醸成です。前述したとおり、ロイヤリティとは「愛着」「忠誠心」で、自社製品やブランドへのロイヤリティを育むのが、マーケティングの大きな目的なのです。

多くの会社が、自社製品への顧客のロイヤリティを高めるために、多大な労力とコストを払っています。それほどまでにロイヤリティとは高価なものなのです。

スポーツはロイヤリティの醸成にお金がかからない

そのロイヤリティを最高に掻き立てるのが、ほかでもないスポーツです。

オリンピックや高校野球に、世界中、日本中が熱狂するのはなぜでしょうか。それは出身国や出身地、出身校に対しては、誰もが自然とロイヤリティを持っているからです。

僕は日本が大好きです。本書であえて厳しい指摘をさせてもらうのも、日本が大好きだからです。この「大好き」に論理的な理由は見当たりません。「たまたま、日本に生まれたから」以外に思い当たる節はないのです。

「たまたま〇〇に生まれたから」というロイヤリティに、マーケティングは不要です。換言すれば、出身国、出身地域、出身校へのロイヤリティ醸成にはお金がかかりません。これほど効率的で強力なマーケティングのツールが、ほかにあるでしょうか。

ロイヤリティをマネタイズするのが、スポーツビジネスの本質です。世界で成功しているスポーツを見ると、いずれも地域を代表することで、貴重なロイヤリティを〝無料で〟フル活用しています。たとえば意図的に隣町とライバル関係をつくることで、そのロイヤリティのパワーを最大化するわけです。

ロイヤリティをマネタイズできるのは、プロスポーツに限りません。アメリカの場合、プロスポーツチームがない地域では大学などの学校スポーツがロイヤリティの対象となり、地域や自治体も積極的にサポートしています。なぜなら「スポーツが地域社会を活性化して富を生む」という社会通念が行き渡っているからです。

アメリカの有力大学の多くは、キャンパス内に数万人規模の観客を収容できるアメリカンフットボール専用スタジアムを持っています。ホームゲームには、在学中の学生はもちろん、全米から卒業生やその家族たちが集まり、熱狂し、旧交を温めます。

試合の前後数日は、それこそお祭り騒ぎです。地域のスーパーマーケットではビールが飛ぶように売れ、飲食店は朝まで大繁盛。これこそ、地域へのロイヤリティを刺激して、地域経済の活性化を実現している好例です。

ロイヤリティをマネタイズする極めつけの成功事例が、いわゆる〝マーチ・マッドネス〟、「ＮＣＡＡ男子バスケットボール全米選手権」でしょう。大学同士のプライドをかけた熱い戦いは全米を熱狂させており、例年の開催時期から「マーチ・マッドネス」、すなわち〝３月の狂気〟と呼ばれています。

大会の総観客数は約70万人。決勝戦のテレビ視聴率は24%に達する年もありました。

２０１６年はノースカロライナ大学とビラノバ大学の決勝戦がテキサス州ヒューストン市のＮＲＧスタジアム（ＮＦＬヒューストン・テキサンズのホームスタジアム）で開催されて、７万４０００人の観衆が詰めかけています。準決勝と決勝の「ファイナル４」を開催したヒューストン市には、１億５０００万ドル（約１６５億円）の経済効果が生まれたそうです。

甲子園で稼ぎ、教育に再投資せよ

「それはアメリカだからだ。日本とは違う」と思われる読者もいるかもしれません。でも、日本にも、マーチ・マッドネスに匹敵する〝お化けコンテンツ〟があります。

それが、言わずと知れた夏の全国高校野球選手権大会、いわゆる夏の甲子園です。観客動員は例年80万人を超え、決勝戦のテレビ視聴率は20％を超える年もあります。観客動員や視聴率ではマーチ・マッドネスに一歩も引けをとっていません。出身地や出身校へのロイヤリティが持つ圧倒的なパワーは、日本もアメリカも同じと見ていいのです。

ところが、マネタイズの成否には雲泥の差があります。マーチ・マッドネスの収入が1000億円規模なのに対し、夏の甲子園はたったの8億円程度（2018年）とされています。

これほどまでの差がついてしまう原因は「教育だから商業化はご法度」という「日本学生野球憲章」にあると思われます。この「全国高校野球選手権大会」は、日本学生野球憲章という観点からのみならず、教育的な側面や新聞社主催という商業化との矛盾など、突っ込みどころが満載です。

競技大会としても、球数問題や過密日程の問題など、本質的な課題は山積しています。でも、大会をマネタイズして、教育環境の整備にその収益を使うという方向に舵を切れば、この大会の意義は凄まじく改善するはずです。

古くて不衛生なトイレやプールを整備する、灼熱地獄の体育館や教室に冷房を設置するなど、経済的理由で置き去りになってしまっている学校の施設整備を、甲子園のマネタイズによって実現することができるのです。

スポーツ立国ニッポンへの処方箋

日本人の強みは、どこにあるのでしょうか。

ここは持論となってしまい恐縮ですが、僕は「コピー&インプルーブ」だと思っています。コピーは模倣、インプルーブは改良、改善。

つまり成功例をただ真似るだけでなく、改良、改善できるということです。日本におけるスポーツ産業革命のカギは、このコピー&インプルーブにあると考えています。

歴史を振り返れば、明治維新の手法がまさしくコピー&インプルーブでした。

維新の中心となった志士たちは新政府を立ち上げ、国家をまるごと改革すべく、船で太平洋を渡り、大陸を横断し、欧米諸国を訪問しました。民主化、産業化の実態を隅々に至るまで謙虚に学んだのです。

誇り高き日本のサムライたちは、ちょんまげ頭に下駄を履き、ニューヨークの街で何を思ったのでしょうか。

結果的に、日本のサムライたちは自らちょんまげを切り、下駄を靴に履き替えました。そして、日本は有色人種中心の国では唯一、独自での近代化に成功したのです。

戦後日本の復興を支えた経済人も、世界の超一流から学んだ人ばかりです。

発明王エジソンを「師」と明言していた松下幸之助も、「良品に国境なし」と語っていた本田宗一郎も、世界の最先端に触れ、謙虚に学び、改善を試み、成功をとげました。

他にも土光敏夫や田中角栄といった世代、第二次世界大戦に至るまでの世界の荒波に揉まれていた日本で幼少期を過ごした世代が、戦後の復興を牽引してきました。

教訓とすべきは、井の中の蛙とならぬこと、何事も謙虚に学ぶ姿勢だと思っています。

現在は繁栄を誇っているアメリカのスポーツ界も、二十数年前はさほど大した産業ではなく、今の日本と同じような状況でした。

言ってみれば、今の日本スポーツ界は〝肥沃な荒野〟です。日本もアメリカの取り組みをコピー&インプルーブしていけば、同じような成長軌道に乗っていくはずです。

課題は前述した謙虚に学ぶ姿勢の欠如かもしれませんし、日本に深く根ざしてしまった「ガラパゴス化」「村社会化」かもしれません。

理由はさておき、どんな課題に対しても、解決やその先の成長をめざす際に不可欠なのは「自分に厳しいトレーニング」です。日本人を熱狂させたラグビー日本代表チームも大谷翔平選手も、厳しいトレーニングなくして成功はありませんでした。

良薬口に苦し。僕を含む多くの日本人にとって耳が痛くなるであろう、そんな話も本書ではあえて触れさせていただきます。

固定観念を捨てることから始めよう

本書では、欧米の成功事例をファクトとして、データを交えながら紹介していきます。まずは客観的にファクトとデータをご覧いただき、ありのままを実感してください。

できれば、前述したニューヨークでの出来事を体験する以前の僕が抱いていたような、自分でも自覚してない「根拠のない固定観念」を捨てる意識を高めていただきたいと思います。

なぜわざわざこんなお願いをするのかというと、「スポーツは教育だ」「行き過ぎた商業化は問題」という固定観念ありきの議論が、日本にはあまりにも多すぎると実感しているからです。

スポーツは経済をつくり、経済を回します。

教育環境を改善したり、地域を活性化させたりという成功事例が世界にはゴロゴロ転がっています。さらに言えば2020年には世界最大のイベント「オリンピック・パラリンピック」の東京開催を控えています。

にもかかわらず、そんな世界の成功例の学習もせず、感覚的に施策を進めていく有力者たち。ややもすれば恣意的とも思えるような判断の連続に、あまりにも「もったいない」という気持ちになってしまうのは僕だけではないと思っています。

反面「何とかしたい、でも何が具体的な問題なのかわからないんだよ」という声もよく伺います。

東京オリンピック・パラリンピックを控え、すでに莫大な税金が投入されています。

まずはスポーツの本当の価値を、客観的な事実を通して確認しておく必要があります。日本が先進国となって迎える今回の東京オリンピック・パラリンピックは「スポーツ立国」を進めていく大きなチャンスになるはずです。

時間切れ？　まだまだできることはあります。

本書を、スポーツを愛する読者の皆さまのモヤモヤの解消に少しでもお役に立てていただき、できればその解決に向けた議論の起点にしていただければと思っています。

第2章

「スタジアム改革」で負を正に変える

if you build it, he will come.

Field of Dreams

それを建てれば、
彼は来るだろう。

映画「フィールド・オブ・ドリームス」より

スタジアムは「巨大な飲食店」

「安田さん、これはもうスタジアムじゃないです。巨大な飲食店ですよ！」

発言の主は、株式会社プランテック総合計画事務所のK社長です。僕たちはアメリカに赴いて、最新のスタジアムやアリーナを視察していました。

巨大な飲食店？

最初は意味不明でした。むしろ、いささかの嫌悪感を覚えたほどです。「設計のプロのくせに、食い物ばかりに目が行きやがって」と。僕は確実に、内心の苛立ちを醸し出していたと思うのですが、K社長は興奮して話を続けます。

「ほら、この図面を見てください。選手がプレイするフィールドの面積よりも、飲食店の専有面積のほうが広いんですよ。ということは、ここは巨大な飲食店なんです！」

「むむむ！」

冷静さを取り戻した僕は、打って変わって敬意の眼差しをK社長に向けていました。

「このオッサン、天才じゃん」

以来、僕はいたるところで、こう吹聴しています。

「スタジアムとは、巨大な飲食店なんですよ」

あたかも自分の発見であるかのように、K社長の発見をパクっているわけです。

スポーツ立国の原動力は「スタジアム」

アメリカの最新の「ボールパーク」周辺には、バラエティに富んだ飲食店が軒を連ねています。本来、野球場は野球を見るために人々が訪れる場所ですが、現在では野球を見なくても楽しめる場所。だから「ボールパーク」と呼ばれているのです。

スタジアムの内部に一歩足を踏み入れると、広大なコンコースが広がっています。いや、広がっているのは食欲をそそられる光景なのです。地元のソウルフードや地ビール、夏場はアイスにかき氷、冬場は熱々のクラムチャウダーなど、目移りするほどバラエティに富んだ飲食物に圧倒されます。

ボールパーク独特のワクワク感で気分が高揚しているところに、食欲をそそられる匂いが鼻孔をくすぐります。座席までの道中、ずっと胃袋への誘惑が続くわけです。何か食べれば、次は飲みたくなります。一杯ひっかけたい衝動を抑えるのが、きわめて困難になるのです。

アメリカでスポーツが巨大産業化したのは、スタジアムやアリーナを「パーク化」し、熱狂空間を「街の中心部」につくってきたからです。

今から30年ほど前まで、アメリカの典型的なスタジアムは、土地の安い田舎にポツンと存在する、なんとも無味乾燥な代物にすぎませんでした。現在の日本とさほど変わらなかったのです。

特にMLB（野球）は、選手によるストライキの影響もあり観客動員が低迷、閑古鳥が鳴くスタジアムばかりでした。

歴史の転換点「カムデン・ヤード」

MLBが低迷から抜け出すための戦略的な取り組みを始めたのは、1990年代に入ってからです。低迷の流れを大きく変えたのがスタジアムでした。

当時の野球場は、アメリカンフットボールと共用の多目的スタジアムが主流でした。スタジアムの建設費は高額で、建設後のランニングコストを考えても、合理的な選択だったかと思います。

その流れを変えたのが1992年、メリーランド州ボルチモアに建設された「カムデン・ヤード」です。ボルチモア・オリオールズが、都市再開発を進めるボルチモア市と一体となって建設しました。

「レトロ回帰」を意識したレンガ造りの古き良き外観は街の景観に溶け込み、趣のある左右非対称のフィールドや美しい天然芝、ファウルグラウンドをあえて狭くした臨場感が、地元のベースボールファンを虜にします。

街の中心部にあり、スタジアム内にカフェテリアやスポーツバー、ギフトショップなどを設置。試合のないときもファンや観光客が楽しめる場所をめざしました。また、球団事務所もスタジアム内に設置し、経営者や球団職員が常に「ビジネスの現場」にいるという臨戦態勢を整えることを可能にしました。

その結果、新スタジアム初年度となった1992年のオリオールズの観客動員は、前年比約100万人増となる約350万人を達成しました。チケットや飲食、物販などで1人あたり単価50ドル（約5500円）を売り上げるとしたら、実に5000万ドル（約55億円）の増収です。このカムデン・ヤードの建設費用が1億1000万ドル（約121億円）ですから、おそらくわずか数年で「元をとった」と思われます。

「ボールパークは儲かる!」

ＭＬＢのみならず、アメリカのプロスポーツチームのオーナーたちはこぞって資産家であり、名うてのビジネスマンです。カムデン・ヤードの成功を、ただ指をくわえて見ているだけのはずがありません。

全米に広がった「ボルチモア・モデル」の都市開発

ボルチモアの成功例は、スタジアムを中心とする都市再開発のモデルケースとなりました。さまざまな球団と自治体が連携しあい、新スタジアムの建設を都市再開発の中心事業とするようになったのです。

自治体とともに地元の有力者や有力企業が建設用地を提供し、建設資金を拠出する一方で、スタジアムの運営権は球団が所有します。球団が球場も経営する「球団・球場一体経営」のフォーマットがそこからできていくのです。

ちなみにスタジアム建設費の拠出には、地元の有力企業によって組成されたファンドを財源とする手法や、市民投票を経て増税や市債で賄う方法など、さまざまな組み合わせが存在します。

州の権限が強いアメリカでは「チケット税」なる税金もつくれます。資金調達の組み合わせや仕組みの妙には、「なるほど」と唸るような合理性とアイデアの豊富さを感じます。

かつて郊外にあって都市開発とは無縁だったスタジアムは、ボルチモアの成功以降、都市再開発の中心となりました。

球団は集客の最大化をめざしてスタジアムの改善を続け、最適化を推し進めます。ボールパークとなったスタジアムはより多くの市民を巻き込み、地方行政の太い柱となっていくのです。ショッピングモールやホテル、レジデンスなどと一体化した総合商業施設をともなうボールパークが全米のいたるところに出現します。経営意欲にあふれる各球団は「スタジアムの灯を消すな」を合言葉に、集客・稼働率のさらなる向上を追求します。最高のカスタマーエクスペリエンスの提供をめざし、具体的な施策を重ねてきたのです。

球場周辺の飲食店を充実させ、試合中もファンサービスイベントを欠かしません。コアファン以外の顧客、家族連れや女性客も飽きさせない工夫を凝らしているのです。

徹底したストレスフリーをめざし、コンコースを広大にし、ゲートやトイレも効率的な配置で増設し、余裕ある動線を確保します。

チケットはデジタル化されているので、たとえ急用ができたとしても、知人などに簡単にリセール（転送・転売）できます。リーグや球団もチケットのリセールを公認しているため、リセールチケットのマッチングサービスという新たなビジネスモデルをも創造しました。

結果、誰でも簡単にスマートフォンでチケットを購入できるようになり、市民たちは近所のバーで１杯飲むような気軽な感覚で、スタジアムに足を運べるようになったのです。

その一方で、ＶＩＰ顧客のためのスイートルームも拡充しました。地元の優良企業が借り上げれば、24時間３６５日自由に使えます。つまり「試合のチケット」という瞬間の価値ではなく、「賃貸部屋」という固定された価値を提供したのです。

そんなスイートルームは、企業や個人が好きなようにリノベートできます。内装を自社のテーマカラーにそろえ、バーカウンターや豪華なソファーを配置するなど、その使い方は借主次第です。会議ができるテーブルを設置して、オフサイトでのミーティングに使用するケースも多いです。

また、スタジアムの稼働率を上げるために、試合開催日の合間やオフシーズンにはコンサートや展示会などのイベントを誘致します。さらにはバックステージを見学できるスタジアムツアーを常時行い、需要を喚起。飲食やお土産の購入につなげてマネタイズを図ります。

事実、試合の行われていないスタジアムでも、雰囲気だけで「その気」になってしまい、Ｔシャツの１枚でも買いたくなってしまうから不思議なものです。

ＭＬＢの成長を牽引した「スタジアム・アリーナ改革」

ＭＬＢの急成長を牽引したのが、ボールパークへと生まれ変わったスタジアムでした。ロサンゼルスにあるドジャー・スタジアムの２０１９年シーズンの観客動員数は約３９７万人です。ＭＬＢがつくり出した熱気は年々盛り上がりを見せています。

数万人が数時間、熱狂する場所。

そこで生まれる巨大なエネルギーを、あらゆる分野の専門家の力によってマネタイズするのが「スタジアム・アリーナ改革」の本質です。

スタジアムやアリーナを新設する大きなメリットは、設計段階からお客様目線の最適化を図れること。前述した野球場のファウルグラウンドをあえて狭くして臨場感を高めるという趣向も、カスタマーエクスペリエンスを最大化するための工夫の一環です。

日本の野球場はほとんどが個性のない左右対称で、ファウルグラウンドも広大です。公共事業ゆえの制約ですが、日本の野球場からは「どうやって稼ぐか」というビジョンは見えてきません。

アメリカのボールパークは「カスタマーエクスペリエンス」という顧客目線でスタジアムを設計しているので、インフィールドギリギリまで客席がせり出しています。フィールドに近ければ近いほど、希少価値を持ったシートとなり高額で販売できます。

都市再開発の要となるボールパークは、交通アクセスの良い立地が必要条件となります。街中なので野球場に最適な形状の用地を確保できるケースはむしろ稀で、だからこそ前後左右を非対称とせざるをえないのです。

そうした制約をスタジアムの味わいにできるのは、「儲かるかどうか」という明確なビジョンが先にあるからなのです。

アメリカでは今も、新スタジアムや新アリーナの建設がどんどん進んでいます（図表2-1）。しかも、より進化しながらです。

発展や成長をめざす自治体は、地域活性化の起爆剤としてプロチームを招致しようと常に目を光らせています。有力なプロチームが〝家主〟となれば、都市の知名度はぐんと上がり、経済が回って、地価は上昇。地元の人々は大きな恩恵を得ることができるからです。

アメリカのプロチームでしばしばフランチャイズの移動が行われるのも、こうした自治体による招致合戦が水面下で激しく行われているからです。

ホームチーム	リーグ	客席数	完成日
ゴールデンステートウォリアーズ	NBA	18,064	2019年9月6日
ミルウォーキーバックス	NBA	17,500	2018年8月26日
ロサンゼルスFC	MLS	22,000	2018年4月19日
デトロイトピストンズ	NBA	20,332	2017年9月5日
デトロイトレッドウィングス	NHL	19,515	
アトランタファルコンズ	NFL	71,000	2017年6月11日
アトランタユナイテッドFC	MLS	42,500	
アトランタブレーブス	MLB	41,084	2017年3月31日
サクラメントキングス	NBA	17,608	2016年9月30日
マイアミドルフィンズ	NFL	65,326	2016年7月24日
ミネソタバイキングス	NFL	66,860	2016年6月22日
サンフランシスコ49ers	NFL	68,500	2014年6月17日
ブルックリンネッツ	NBA	17,732	2012年9月28日
ニューヨークアイランダーズ	NHL	15,795	
マイアミマーリンズ	MLB	36,742	2012年3月5日
オーランドマジック	NBA	18,846	2010年10月1日
フィラデルフィアユニオン	MLS	18,500	2010年6月27日
ミネソタツインズ	MLB	38,544	2010年4月12日
ニューヨークレッドブルズ	MLS	25,000	2010年3月17日

図表**2-1**　過去10年間にアメリカ国内で新設された主なスタジアム・アリーナ

名称	場所
チェイスセンター	カリフォルニア州サンフランシスコ
ファイサーブフォーラム	ウィスコンシン州ミルウォーキー
バンクオブカリフォルニアスタジアム	カリフォルニア州ロサンゼルス
リトルシーザーズアリーナ	ミシガン州デトロイト
メルセデスベンツスタジアム	ジョージア州アトランタ
サントラストパーク	ジョージア州カンバーランド
ゴールデン1センター	カリフォルニア州サクラメント
ハードロックスタジアム	フロリダ州マイアミ
USバンクスタジアム	ミネソタ州ミネアポリス
リーバイススタジアム	カリフォルニア州サンタクララ
バークレイズセンター	ニューヨーク州ブルックリン
マーリンズパーク	フロリダ州マイアミ
アムウェイセンター	フロリダ州オーランド
PPLパーク（現タレンエナジースタジアム）	ペンシルベニア州チェスター
ターゲットフィールド	ミネソタ州ミネアポリス
レッドブルアリーナ	ニュージャージー州ハリソン

出所：ドーム社調べ

ヨーロッパに広がる「スタジアム・アリーナ改革」

都市の一等地にスタジアムやアリーナを核とする複合商業施設をつくる。
顧客目線で最上のカスタマーエクスペリエンスを提供する。

アメリカにおけるこうした都市開発成功例は、ヨーロッパにも波及しています。

サッカーのドイツ・ブンデスリーガ。今ではその売上規模は5000億円を超える巨大なリーグに成長しました。そのビッグビジネスの基礎は、2006年にドイツで行われたサッカーワールドカップで築かれました。

2000年にワールドカップの自国開催が決まったドイツサッカーリーグ機構は、試合数は少ないながらビジネスとして大成功しているNFLを参考に、2006年に向けた長期計画を立てます。当時のドイツのスタジアムは、1974年に行われたワールドカップ時に建設された陸上競技場が中心で、老朽化の進んだ退屈なものでした。

僕自身、1998年にはNFLヨーロッパというプロアメリカンフットボールリーグの「ラインファイアー」というチームに、コーチとして在籍していました。ホームはドイツ・デュッセルドルフ。そのときのスタジアム「ラインシュタディオン」（図表2−2）も、日本の旧・国立競技場と大差ない普通の「陸上競技場」でした。

そんな陸上競技場の数々が、ワールドカップに向けて次々と改造されていきます。陸上トラックを撤去し、カスタマーエクスペリエンスを最上位価値においた「サッカー専用スタジアム」につくり替えていったのです。

客席をピッチギリギリまで広げ、臨場感を高めつつ収益の増加を図ります。VIP用のスイートルームや魅力的な飲食店、ギフトショップを設置したりと、アメリカ流のスタジアム改革を断行しました。

NFLの下部組織であったNFLヨーロッパリーグは、1991年から2007年まで存在していました。最後の2007年シーズンは、ベルリン、ケルン、フランクフルト、ハンブルク、ライン（デュッセルドルフ）と、6チーム中5チームがドイツをフランチャイズにするチームでした。

各球団の社長は地元サッカークラブの社長経験者だったり、球団職員にはドイツサッカーリーグ機構の関係者が入っていたりと、今思えば、ドイツサッカーリーグ機構はこのときにNFLと密接なコネクションをつくり、十分なノウハウを得たのだと思います。

図表2-2　サッカー専用スタジアムに進化したラインシュタディオン

①改築前。サッカーコートの周囲を陸上トラックが囲い、客席との距離が遠い

Photo by Bongarts/Contour by Getty Images

②改築後。陸上トラックを撤去し、サッカーコートぎりぎりまで客席を設置。
試合の臨場感を極限まで高めている

Photo by Lars Baron/Contour by Getty Images

結果として、2006年には1600億円程度の売上規模だったブンデスリーガは、12年連続で増収を達成。2018年には5000億円を超える規模にまで成長をとげました。

翻って、日本はどうでしょうか。

都市部から離れた場所に、新規で陸上競技場を中心に整備した日韓共催の2002年のサッカーワールドカップ。ふたたび巨大な陸上競技場を新しくつくり、後利用が決まらぬアリーナの数々を新造した2020年の東京オリンピック・パラリンピック。

ふう……。ため息を抑えて、次に進みましょう。

空間の有効活用と稼働率向上がカギ

スタジアムの観客席（スタンド）はすり鉢状になっているので、周囲を外壁で覆えば、観客席の下に巨大な空間が生まれます（図表2−3）。その空間を活用して施設を設け、全体の稼働率を高めることがマネタイズの必要条件の1つとなります。

我々ドームのパートナー企業であるアメリカのアンダーアーマー社がヨーロッパに初進出し

図表2-3　客席下の空間を活用する

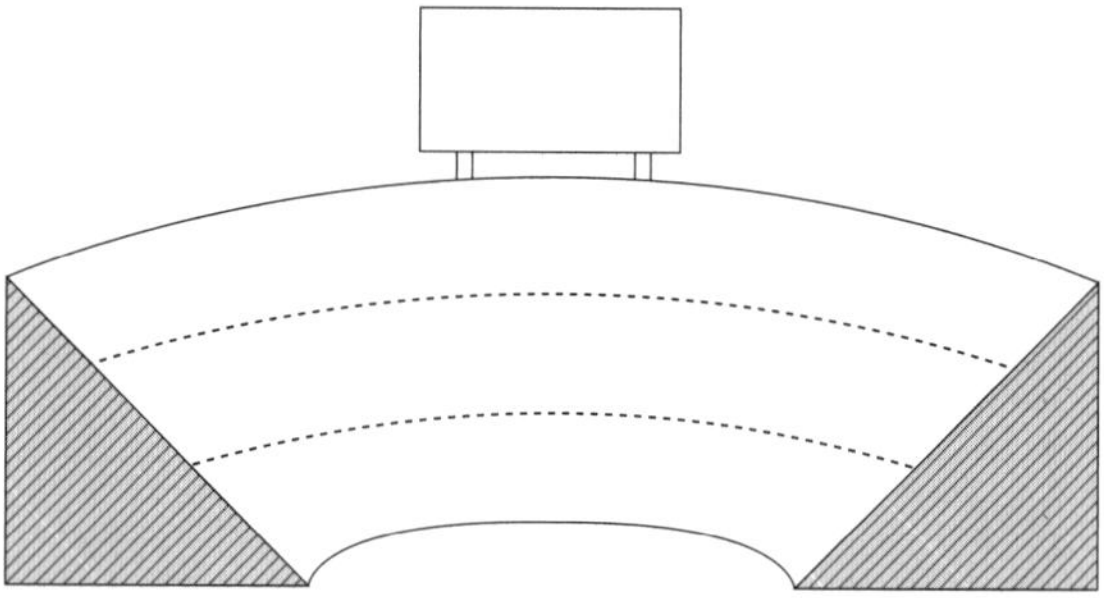

一般的なスタジアムの断面図。
客席下の空間（斜線部）は、テナントやカフェ、
レストランなどに活用できる

た際に借り上げたアムステルダムのオフィスは、「オリンピスフ・スタディオン」というスタジアムの中に設置されました。

その名のとおり、１９２８年の夏季オリンピックの実際の会場となったこの古いスタジアムは、スタンドの下の空間をテナント（入居者）に賃貸しており、多数の企業が入居していました。お洒落なカフェやレストラン、トレーニングジムに託児所まで備わっていて、テナントの利便性は高く、外部からの利用者で活気にあふれていました。

そもそも、青々とした芝生が広がるスタジアムという広大な空間自体が、得も言われぬ非日常のワクワク感を醸し出し、自然と人々が集まりたくなる場所になっています。

ランナーたちが有料で施設を利用できるほか、スタジアムツアーも開催されており、随所にお金が落ちる仕掛けがあります。アムステルダムのオリンピスフ・スタディオンは、街の中心部から少しだけ離れた、閑静な住宅街に位置しています。

ここで想像してみたくなるのは、東京の一等地、青山にある「秩父宮ラグビー場」の活用です。

あれだけ立地に恵まれているのですから、スタンドの下をカフェやオフィスにしてテナントから賃貸料をとればどうなるでしょうか。〝秩父宮砂漠〟とも揶揄されている無残な芝生のメンテナンスどころか、ラグビー日本代表の活動資金を賄っても余りあるドル箱となるのは間違いないでしょう。

日本のスタジアムは「コストセンター」

先ほど簡単に触れた2002年の日韓サッカーワールドカップのときに建てられたスタジアムはその後、どうなっているのでしょうか。

文部科学省によると、残念ながらワールドカップで使用された競技場のうち、札幌ドームを除く9つの運営収支が赤字で、そのメンテナンスに税金が投入されています。建設費の減価償却も計算に加えれば、札幌ドームも含めて実際の赤字額は数倍に膨れ上がります。

ドイツと日韓のワールドカップ開催時期の違いはたったの4年です。ドイツはドル箱となるスタジアムを、既存のスタジアムの改修を軸にいくつもつくりました。それに対し、日本は建設に数百億円の税金を投入した上、その後は赤字を垂れ流すスタジアムをいくつもつくってしまったというわけです。

まさに、「ドル箱VSコストセンター」となってしまっています。

富を生むスタジアムを持つことで、チームは優秀な指導者や選手を獲得できるでしょうし、選手の育成環境も整えられるでしょう。

富をつくっては投資を続けるサステナブルなプロスポーツチームが世界にはいくつもあります。その実態を目の当たりにして、運営費の赤字負担を細々と税金に頼るという自転車操業を、日本の競技場はいつまで続けるのでしょうか。

ピッチ上の戦いで世界に太刀打ちするためには、ピッチ外でも世界基準のサステナブルな環境づくりが不可欠なのです。

日本には「ゴーストスタジアム」が山ほどある

欧米のスタジアムやアリーナと日本のそれを比べてみた場合、大きな違いとして「家主不在」という問題があります。日本には、ホームチームが存在しないスタジアムが多すぎるのです。

宮城スタジアムなどがその一例ですが、住人のいなくなった街をゴーストタウンと呼ぶように、僕は家主不在のスタジアムを〝ゴーストスタジアム〟と呼んでいます。日本各地に存在する野球場や陸上競技場、体育館のほとんどはゴーストスタジアムです。

グーグルマップを見ていると、日本には本当にたくさん運動施設があるのがわかります。ただ、そうした施設の名称は「XX県総合運動公園」「XX市営球場」といったものばかり。その多くは「国体」用に公共事業でつくられたハコモノだと思われます。

アメリカでは、ドジャー・スタジアムやヤンキー・スタジアムなど、そもそもチーム名が冠されたスタジアムがあるように、それぞれにフランチャイズチームという「家主」が存在しています。それぞれのチームがスタジアムを所有して、運営しているわけです。

日本のどこにでもあるゴーストスタジアムは、赤字を垂れ流すだけの正真正銘の〝放蕩息子〟です。儲かるスタジアムの必要条件は「好立地」ですから、郊外に位置するゴーストスタジアムには、残念ながら改善の余地がありません。1日存続すれば、1日分の赤字が生まれます。収益のあげられないコンビニエンスストアのように、赤字スタジアムは閉店するしか方法はありません。

税金の無駄な出費を一刻も早く止め、その出費を財源として、好立地に家主の存在するスタジアムをつくり、そこを軸とした都市開発へと舵を切るべきでしょう。

ぐんぐん改革が進む日本のプロ野球

ここまでしばらくの間、「ちょっと待てよ、じゃあ阪神甲子園球場はどうなんだよ」というモヤモヤを胸に秘めながらページを進めていただいた読者の皆さま。お待たせしました。明るい話題、日本スポーツ産業の雄、日本野球機構（NPB）の話に入りましょう。

NPBにおいては、球団がスタジアムを所有し、運営する一体経営が増えてきました。

特にパ・リーグの福岡ソフトバンク・ホークス（福岡ヤフオク！ドーム、2020年シーズンから福岡PayPayドームに改称）と埼玉西武ライオンズ（メットライフドーム）、そしてオリックス・バファローズ（京セラドーム大阪）は球団関連会社がスタジアムを所有し、実質的な一体経営を実現しています。

東北楽天ゴールデンイーグルス（楽天生命パーク宮城）と千葉ロッテマリーンズ（ＺＯＺＯマリンスタジアム）は、自治体が所有するスタジアムの「指定管理者」となって、一体経営に近い運営を行っています。

パ・リーグの各球団はＭＬＢの成功事例を積極的に取り入れることで、毎年のように入場者数の増加とともに収益の拡大を実現しています。

ソフトバンクは「ホークスタウン」の地域一帯を買い占め、施設の拡充を図り、複合型商業施設化を実現。毎年のようにホークスタウンの施設に新しい投資を行い、ＭＬＢ球団をしのぐほどの「スタジアムを軸にした都市の再開発」を力強く推進しています。

肝心のスタジアム内部の改革も、手を緩めることはありません。最近では「ホームランテラス」を設置して、シートの増設とチケットの高額化、さらには野球の華である「ホームランの増加」という３つの果実を手に入れました。ファンはホームランボールをキャッチできるかもしれないと、ドキドキ、ワクワクしながらグローブを片手に観戦しているのです。

パ・リーグの各球団は、それぞれが競いあうように「スタジアムビジネス」の開発に余念がありません。パ・リーグでは唯一、自治体からスタジアムを借りている北海道日本ハムファイターズ（札幌ドーム）も、ついに自前のスタジアム建設を発表。２０２３年３月に新スタジアムを開業するとしています。

話がやや専門的になりますが、指定管理者制度を利用すれば、地方自治体が所有する公共施設を民間企業も運営できます。契約内容次第では使用日数や施設の改築などに制限が設けられるケースも多く、ポテンシャルを活かしきれない場合もありますが、楽天の場合はスタジアムの改築費用を球団が持つという条件で宮城県から15年間の管理許可を取得。飲食店や広告などスタジアムからの収益がすべて球団に入るようになり、経営努力が実る体制を整えています。

いずれにせよ、球団が稼ぐ力を最大化するための大きなポイントは「球団と球場の一体経営」にあります。

一方のセ・リーグには「阪神タイガースの阪神甲子園球場」という一体経営の元祖がありま す。阪神タイガースが誇るのは人気だけでなく、その最先端のビジネモデルとも言えるでしょう。

中日ドラゴンズも多少複雑な仕組みではありますが、ナゴヤドームの所有者として一体経営を行っています。横浜ＤｅＮＡベイスターズは友好的ＴＯＢ（株式公開買付）により、株式会社横浜スタジアムが発行した株式の過半数を取得して、すでに一体経営に移行しています。広島東洋カープはMAZDA Zoom-Zoomスタジアム広島の建設により、戦闘態勢を整えました。

このように、スタジアム改革の波は勢いを増してセ・リーグにも到達しています。日本のプロ野球のビジネスモデルは、20年前とガラッと様相が変わってしまいました。

阪神タイガースこそ「関西再興」の目玉戦略となる

さて、阪神タイガースです。一体経営の元祖であり、世界最強クラスの熱狂的ファンを持つ「関西の至宝」とも言える存在です。あれだけ熱狂的なロイヤリティをアクティベートできたら、それこそ関西の至宝どころか、日本の宝物になると僕は思っています。

ここまで強い支持母体を持ったチームは世界でも有数です。資産価値世界一を争うサッカーのレアル・マドリードや、アメリカンフットボール（NFL）のダラス・カウボーイズを凌駕する可能性すら、僕には見えてきます。

関西地区、とりわけ大阪と兵庫の人々は、あまり〝仲良し〟ではないように映ります。ところが、こと阪神タイガースの応援に限れば、大阪も兵庫も関係なく、関西全体が強烈な同盟意識を持つようです。

阪神タイガースがただ一度だけ日本シリーズを制したのが、1985年です。当時は大阪に本社を構える大企業がたくさんありました。大阪という都市から放たれていた強烈なエネルギーを、まだ高校生だった僕も強く感じていたものです。大阪本社はどんどんところが最近は、大阪を含めた関西地区に元気がないように感じます。大阪本社はどんどんなくなり、阪神タイガースもなかなか優勝することができません。

関西地区は日本第2の経済圏です。ここが元気にならずに日本の活性化はありません。

そんな状況下、元大阪府知事、元大阪市長の橋下徹氏が、低迷している大阪全体の活性化をめざして「大阪都構想」を掲げましたが、結局のところ府民・市民の支持を得ることができませんでした。

前述のとおり、欧米の都市開発の目玉政策に有力プロチームの招致があります。

そして、関西には「阪神タイガース」という世界有数の強烈なプロ野球チームがあります。招致する必要なく「ある」のです。熾烈な招致競争を繰り広げている欧米の都市からしたら、これほどうらやましい状況もありません。

そこで、長居公園のヤンマーフィールド長居の隣のエリアに、ショッピングモールや飲食店などを併設した「タイガーススタジアム」をつくってみてはどうでしょう。

夏の甲子園大会期間中を中心に、阪神タイガースの第2フランチャイズとすれば、長居は日本でもっとも「ホット」な街になることは間違いないでしょう、そこで阪神ファンが1日中楽しめるようなアトラクションをつくったり、二軍の試合を開催するのです。

とにかく、阪神タイガースを中心に大阪の街を盛り上げるという構想を、政策の軸におくのです。

日本第2の経済圏である関西地区。その巨大な地域をいとも簡単に1つにまとめてしまう阪神タイガースという宝物。

個人的には、「大阪都構想」の政策の軸に「阪神タイガース価値最大化構想」をおいていただき、僕と同じ歳である橋下徹氏に今一度、大阪の街を率いてほしいと思っています。

独立採算を貫く広島カープの経営ビジョン

日本のプロ野球チームは、ほとんどが親会社の「広告宣伝」を目的として設立された経緯があります。たとえ球団経営は赤字でも、親会社からの補填を受けられる仕組みによって成り立ってきたわけです。

その点、広島東洋カープには広告宣伝する親会社がないので補填は受けられず、独立採算で経営を続けてきました。経営はシビアで、黒字経営という球団存続の条件を満たすためには選手の年俸を抑えざるをえず、フリーエージェント（ＦＡ）制度では常に主力選手を高額年俸で他球団に引き抜かれる側となっていました。

人気選手の流出が後を絶たず、観客動員も低迷。その状況を変える起爆剤となったのが、２００９年に竣工、開場したMAZDA Zoom-Zoomスタジアム広島（マツダスタジアム）だったのです。

ＪＲ広島駅から徒歩10分とアクセスは良好で、スタジアムの少し手前には、駅のコンコースと直結している２００メートルほどのプロムナードがあります。そこで来場者のワクワク感を高め、収益にもつなげているわけです。

野球場は、ＭＬＢのボールパークの草分けとなったカムデン・ヤードを参考にした、日本には珍しい左右非対称の構造です。ファウルグラウンドをルールで許された最小の面積として、観客席との距離を近づけました。総天然芝も、フィールドにせり出した2階席も、広いコンコースにずらりと並ぶ飲食店も、まさに世界基準です（図表2-4）。

バーベキューエリアもあれば畳のグループ席もあります。女子トイレの質を上げ、数も増やすなどストレスを取り除きました。とにかく野球ファンでなくともワクワクさせられてしまう仕掛けが満載なのです。しかも、毎年数億円をかけて継続的な改造を施し、進化を続けていま

図表**2-4**　客席がファウルグラウンドにせり出しているマツダスタジアム

写真提供：ⓒkyodonews/amanaimages

す。

新スタジアムをオープンさせた２００９年から、カープはその建設効果で観客動員と売上を着実に伸ばし、チームの強化につなげました。

２０１５年12月期の売上高は、前期比19億５８００万円増の１４８億３２５６万円、利益は１億８７００万円増の７億６１３３万円です。

２０１５年の観客動員は２１１万人に達し、球団史上初めて２００万人の大台を突破しています。売上も利益も球団史上最高でした。続く２０１６年に25年ぶりとなるセ・リーグ優勝をなし遂げると、２０１７年、２０１８年と３連覇を果たしました。

マツダスタジアムは総事業費の約90億円

を広島市、広島県、地元企業などの負担と市民の募金で賄いました。カープは改装費の約20億円を負担して、施設の改良も可能な指定管理者契約を結んでいます。球場経営について大幅な裁量を持っているので、実質的な一体経営となっています。

「プロ野球の各球団は親会社の広告宣伝用」という時代は、もはや過ぎ去りました。スタジアムとの一体経営を実現している球団は軒並み黒字化を達成し、売上は右肩上がりです。黒字化は人気選手の獲得などでチームの強化にも直結、戦力の均衡を生み、リーグ全体が盛り上がってきています。親会社の財力に左右されていた日本球界の勢力図はすでに変化しつつあるのです。

さらに、世界基準のスタジアム運営に各球団が先鞭をつけ、日本全体にスタジアム一体経営の効果が広がっていく未来も大いに期待できるのです。

Jリーグのスタジアムは課題山積

一方、プロ野球と比べ歴史の浅いJリーグには、まだ課題が残ります。そもそもサッカーは興行機会の少なさが大きな課題で、J1は1チームにつき年間34試合しかありません。

「天然芝のスタジアム」というリーグ規定も課題の1つです。スタジアムの一体経営を実現したとしても、ホームゲームの少なさをカバーするためにイベントを開催しようにも天然芝を傷めないことが不可欠であるため、プロ野球のような経済効果が出しづらい仕組みなのです。

それがゆえに、民間企業でスタジアムを建てることができず、ほとんどのチームは自治体のつくるスタジアムを賃借する、という状態です。当然ながら、自治体はスタジアムが産む赤字を補塡しています。

陸上トラックつきの多目的競技場も多く、チームが指定管理者にもなっていないケースも多いです。本来はワクワクするようなチームカラーにあふれているべきスタジアムですが、自治体が所有する多くのスタジアムはチームの思うような改装ができず、スタジアム内部は役所の会議室のように無味乾燥です。

〝巨大な飲食店〟とはほど遠く、収益率の高いビールやフードを満足に提供できていません。それだけでなく、その売上すらスタジアムを所有する自治体のものとなります。

公共財としてのスタジアムですから、行政は赤字を何とかしないとなりません。ですので、貸し先であるJリーグのクラブから、少しでも多くの賃料を得ねばなりません。

しかし集客を増やしたいクラブとしては、スタジアムの改装という追加投資が必要となり、ジレンマが生じてしまいます。

これが、Jリーグが欧米のようにダイナミックな成長を遂げられない、主たる原因です。

そんな意味では、Jリーグは伸び代だらけとも言えるでしょう。

具体的には、南から北まで気候や風土が大きく異なり、多雨な日本において「天然芝」という規定が大きな足かせになっていると思います。この規定を緩和することでスタジアム一体経営の可能性が広がり、大きなポテンシャルが解放されるはずです。

「天然芝」は理想的ですが、そのために税金を使うことがいいことなのか、冷静な議論が必要でしょう。

「市立吹田サッカースタジアム」に見るジレンマ

先ほど、自治体にとって有力プロチームの招致がいかに重要か、アメリカの事例をもとにご説明しました。しかし日本では「スポーツの産業化」に対する理解度がまだまだであり、行政とチームとリーグの足並みがなかなかそろいません。

寄付金を財源として2016年に完成した大阪府吹田市の「市立吹田サッカースタジアム（パナソニック スタジアム 吹田）」。僕が評価する立場にはありませんが、そのスタジアムの出来栄えはサッカー専用スタジアムとして最高レベルと言えるでしょう。しかしながら、その複雑な建てつけには「ん?」と思わざるを得ません。

自治体からの補助金を受けない「みんなの寄付金でつくる日本初のスタジアム」と銘打ち、140億円の寄付金を募集したのはガンバ大阪が中心となってつくった民間団体でした。そのうちの80億円以上を、ガンバ大阪のメインスポンサーであるパナソニックグループが寄付しています。

完成後のスタジアムは吹田市に寄付されました。ガンバ大阪は指定管理者となり、施設の運営をしています。もともとの土地所有者は大阪府でした。

こんなに複雑になってしまった背景には、クラブの意向、吹田市の意向、サッカー協会の意向、FIFAの規定するスタジアム基準などのほか、「将来のワールドカップ招致」という不確実な願望も相まって、建てつけが二転三転したという経緯があります。

そんな状況の中でも立派なスタジアムが完成したのですから、関係者の方々のご苦労にはまさに敬意を表す以外にはありません。その上で、自治体の負担を極限まで減らすことができたのは、クラブをはじめ親会社とスポンサーの努力の賜物です。まさにJリーグ規約に明記されている「地域社会と一体となったクラブづくり」の要件を見事に果たしたと言えるでしょう。

あえて課題をあげるとしたら、やはりスポンサーや親会社の負担が大きいことです。

たとえばサッカーのイングランド代表がホームスタジアムとしているロンドンのウェンブリー・スタジアムには、34のバー、8つのレストラン、そして実に688ものドリンクやフードの売店があります。スタジアムのキャパシティは9万人、売店は130人に1カ所の割合で設けられている、それこそ巨大なビアガーデンです。

9万人がビール代で2000円使ったら、それだけで1・8億円です。10試合も行えば18億円の収入になります。ビールメーカーのスポンサーがつけば、原価はゼロでビールの収入とスポンサー料の両方がとれるかもしれません。

FCバルセロナは2019年、ユニフォームサプライヤーのナイキ社と10年10億ポンド（約1400億円）の契約を結んだと報じられています。有名なホームスタジアム「カンプノウ」は常時スタジアムツアーを行っていて、ツアーの終着点が巨大なナイキショップとなっています。

そのバルセロナのレプリカユニフォームは1年間に350万枚以上を売り上げるそうです。1枚＝1万円としたら、売上は350億円にもなりますから、クラブもナイキ社もともに美味しいビジネスモデルをつくり上げたことになります。

吹田スタジアムも4万人のキャパシティを誇ります。ホームゲームが17試合ですので、1試合・1人あたり2000円のビールを飲んでくれたら、13・6億円の収入が生まれます。吹田市に工場があるアサヒビールがスポンサーになってくれたら、そのまま利益になる可能性もあります。

そんなふうに、スタジアムとの一体経営ができれば無限の可能性が広がっていきます。

そもそも集客力のある欧米においても、スタジアム建設を含むスポーツビジネスの実態は、詰め将棋のような精緻な採算計算の上に成り立つ「アート」のようなものなのです。

「お前に言われなくてもわかってるよ！」という関係者の声は十分聞こえておりますが、とにかく吹田スタジアムとガンバ大阪には、これからさらにがんばってもらいたいと思います。

がんばれ、ガンバ！

新国立競技場を「新しいレガシー」にする戦略

では、東京オリンピック・パラリンピックに向けて建設された新国立競技場はいったいどうしたらよいのでしょう。

総建設費約1529億円。年間維持費は24億円と言われています。減価償却費を加味すると、

50年で償却したとしても年間約30・6億円。合計54億円あまりが年間経費として本来計上されるべきで、それ以上の収益がめざすべき指標となります。

しかしながら、オリンピック開催に間に合わせるために急いでつくってしまったこともあって、「後利用」の仕掛けがありません。たとえばコンサートや催事に使うには防音設備や芝生の耐荷重施工などが必要ですが、こういった整備はされていません。稼働率が上げづらい構造になってしまっているようです。

これでは民間企業に運営委託しようとしても、誰も手を挙げないか、二足三文で委託するかしか方法はなさそうです。

僕は、たいへん残念ではありますが、解体に近い根本改装をするのが最善の策だと思います。そしてそれが「新しいレガシー」になりうると思っています。

せっかくつくったスタジアムです。もちろん、僕ももったいないとは思います。でも、毎年24億円の赤字を垂れ流すほうが「もったいない」はずです。

以前から提言しているのですが、プロ野球チームを招致すればすべてのコストの回収はもちろん、「ドル箱化」すら可能だと思います。

このアイデアは、1996年に行われたアトランタオリンピックの事例をコピー&インプルーブしたものです。アトランタオリンピックでは、オリンピックスタジアムをオリンピック終了後にMLBのアトランタブレーブスのスタジアムに改築しました（図表2-5）。

まだ新国立競技場が「ザハ案」で建設準備が進められていたとき、官邸や官僚を含む多くの政府関係者に具体的に提言したのが、この「アトランタオリンピック方式」でした。

このときは文字通りけんもほろろで「若造が何を勝手なことを……」という状態でした。一部マスコミの方々には響いたようでしたが、このプラン、新国立競技場が完成した現在でも、まだまだ可能性があります。それくらい「TOKYO」の立地条件は破格です。

・経済と文化が融合する世界的大都市
・その大都市のど真ん中
・スタジアム建設可能な面積と環境
・あの「レアル・マドリード」すら凌ぐ、世界トップの集客力を誇るプロスポーツチーム

東京には、これらすべての条件がそろっています。
道路の拡張工事さえ数十年かかってしまう大都市においてこれだけの完璧な条件は、ポーカ

図表2-5　野球場への改築を前提に建てられたアトランタオリンピックのメインスタジアム

①改築前。フィールドが手前側にせり出している

Photo by Simon Bruty/Contour by Getty Images

②改築後。手前側のせり出しを野球の内野グラウンドに利用している

Photo by Scott Cunningham/Contour by Getty Images

ーで言えば「ロイヤルストレートフラッシュ」、麻雀で言えば「九蓮宝燈《ちゅうれんぽうとう》」とも言える「夢の確率」がすでに実現している状態と言えるでしょう。むしろ「天和《てんほう》」に近い状態かもしれません。

そんな好条件を活用して、スポーツの価値を最大化した「新国立競技場の再建プラン」を考えてみましょう。

新国立競技場の再建プラン

東京オリンピック・パラリンピック後の施設運営に要する費用負担に、政府は頭を抱えています。

困った政府は、一か八かで安田秀一を登用。「東京オリンピック・パラリンピック施設関連臨時行政調査会（通称「安田臨調」）」を密かに設置します。安田臨調は「負担を収益に変える新しいレガシー構築」を目標に議論を重ね、以下の実行プランを立案します。

結論

民間拠出の総工費800億円でドームスタジアムに改装し、年間集客数300万人を超える読売ジャイアンツが利用する。

条件

「真の公共性とは?・」という観点から国家の財政を最優先する。すなわち一時的な費用での評価となる入札は行わない。土地は定借とする。

手法

「日本一の高い経済性を生み出せるプロチーム」を安田臨調があらゆる団体を調査し、シミュレーションしてチームを選定する。結果、もっとも収益をあげるチームとして認定されたジャイアンツを、「三顧の礼」をもって招致する。

調査概要

ジャイアンツのチケット平均単価は、その料金表から5000円を軽く超えていると想定される。生ビールだけでも2万杯近い売上があるというデータもある。もちろん、ビールのみならず、つまみ、ソフトドリンク、ハイボール、酎ハイ、さらにはお弁当やカレーライスの食事代、帽子やTシャツなどグッズ購入も加味すると「1人単価1万円」は使っているはず。これをベースに試算を重ねる。

ジャイアンツの年間集客300万人が1万円を使うと、年間の売上は300億円（本来は新スタジアム効果で増加する）。

オフシーズンには5万人を集客するコンサートとイベントを40回開催。1人単価5000円で売上100億円の売上になる。ネーミングライツやスタジアム内の広告費は合計で50億円。

以上を合計すると売上は450億円に達する。

国家の収入
消費税収入が45億円、固定資産税が5億円、借地料収入が50億円として「毎年100億円」となる。
これにより、24億円の赤字が100億円の黒字に変わる。新国立競技場は「負担を収入に変える新しいレガシー」に生まれ変わる。

以上が「安田臨調案」です。

スタジアムと一体経営を実現するジャイアンツも、スタジアム稼働日数110日だけで450億円の売上を稼げるので、スタジアムの建設費は数年で回収できるでしょう。

図表**2–6**　新国立競技場の再建プラン

①現在の新国立競技場周辺。左上から新国立競技場、神宮第二球場、神宮球場、秩父宮ラグビー場が並ぶ

②新国立競技場を野球場に改築、神宮第二球場を新秩父宮ラグビー場に建て替え

③神宮球場・秩父宮ラグビー場を解体し、商業施設、文化施設、公園などを建設

スタジアムビジネスの方程式に則り、ショッピングセンターやホテルなどを併設して複合商業施設にすれば（図表2-6）、さらなる莫大な経済効果が期待できます。

現在の「維持費24億円というマイナス」が「１００億円のプラス」に変わるマジックのような経済政策。これこそを東京オリンピック・パラリンピックの「新しいレガシー」とすべきではないでしょうか。

これは現在の新国立競技場建設に携わった皆さまにとって、きわめて不快な提案かもしれません。そこは本当に申し訳ございません。

でも、せっかくつくったものが国家の財政負担になるのも本意ではないと思います。だからこそ、真のＯＮＥ ＴＥＡＭとなって、新しいレガシーをつくり上げるべきです。

２０２０東京オリンピック・パラリンピックには、まだ間に合う

「東京オリンピック・パラリンピック運営を素直に反省し、負のレガシーをプラスに変える」

引き続き、安田臨調の構想をご説明します。「ＴＯＫＹＯ新レガシープロジェクト」と称したプロジェクトが動き出します。新国立競技場の具体的な改装計画、ならびにその他アリーナ

など新設施設の黒字化をめざします。

日本中から業界のトップを集め「ベストインクラス（最上級）」のプロジェクトチームを結成します。

プロスポーツチームを筆頭に、金融界、設計事務所、スポーツマネジメント会社、エンターテインメント業界、商業施設ディベロッパーなどなど、各業界のトップが集結し、海外の成功事例やベストプラクティスをガンガン調べあげます。

同時に、東京オリンピック・パラリンピックで感動の舞台となった新国立競技場をくまなく再調査し、解体後に使える部品や資材などを徹底的に洗い出し、それを新たなスタジアムに再利用します。

もともとのビルの面影を再現した丸の内の再開発のように、東京オリンピックのモニュメントとして新国立競技場の面影を残す意匠を新スタジアムの建設要件に組み込みます。

野球のスタジアムに転用できないもの、余った座席や材料は秩父宮の新規スタジアムに活用します。すべての部品や資材は新スタジアム建設業者に販売され、国は売上による収入を得られるように算段をしていきます。

このように、新スタジアムを中心とした再開発事業として、経済効果の最大化をめざしつつ、シートやトイレのひとつひとつ、土や芝生に至るまで徹底的に再利用をめざし、無駄を省いたプロジェクトを進行させます。

過去のオリンピック施設の数々が廃墟となり、その実態が世界中に晒されている昨今、「TOKYO新レガシープロジェクト」は、オリンピックやスポーツがつくり出す都市開発の新しいモデルを定義し、スポーツが都市のサステナビリティに具体的に寄与できることを示していきます。

他にも新しいアリーナを運営するプロバスケットボールチームを招致します。アクアティクスセンター（プール施設）をアイススケートができるように改装して冬場はフィギュアスケートのホームアリーナとし、夏冬とも大きな国際大会をできる限り招致します。また、プールにふたをすることで多目的アリーナとして利用できるようにもします。当然ながらそれぞれ、コンサートや格闘技イベントも次々に招致し、稼働率の最大化をめざします。

改装した新スタジアムが竣工し、2020年の舞台を彩った数々の施設たちが無事に「ドル箱」に変わったとき、安田は1人満足したような表情を浮かべながら、安田臨調の解散を静かに宣言。ひっそりと市井の民に戻ります。

東京オリンピック・パラリンピック前に何度も聞いた「もう間に合わない」ということはあ

りません。海外事例やデータが示すとおり、現代スポーツの力は絶大です。

民主主義の我が国です。民意が動けば、どれも実現可能です。結局は、「やるか、やらないか」なのです。

第3章

「スポーツ団体」に民主主義を導入する

To be a Premier League player is
something that not everyone can say;
even some of the best players in the world can't say that!

Trent Alexander-Arnold

プレミアリーグの選手であるということ自体、
誰もが言えるわけじゃない。
世界のベストプレイヤーたちでさえも、
そうそう言えるものじゃない!

トレント・アレクサンダー＝アーノルド
(サッカー・イングランド代表DF)

アメリカの「競技団体」の先進性

「アメリカは、やっぱりすごい……」

僕の目の前には、広大な施設が広がっています。建物の周囲にぐるりと駐車スペースが設けられたデザインはまるでハイテク企業のようで、内部に足を踏み入れる前からすっかり感心していたのです。

僕が訪問しているのはハイテク企業ではなく、全米スキースノーボード連盟（United States Ski and Snowboard Assosiation＝ＵＳＳＡ）の最先端の施設でした。

たまたま出張でユタ州を訪れていて、アメリカのウインタースポーツの実情を学ぶ良い機会だと思い、パークシティまで足を伸ばしました。ソルトレイクシティの東、車で30分あまりに位置し、２００２年冬季オリンピックの一部競技も開催されたパークシティは有名なスノーリゾートです。ＵＳＳＡの施設「センターオブエクセレンス」は、その中心部にありました。

建物の中に入る前から僕が圧倒されていたのは、当時の全日本スキー連盟（Ski Assosiation of Japan＝ＳＡＪ）の状況、１９６４年建設の岸記念体育会館（２０１９年に解体）の一部を賃貸している事務所を知っていたからでもありました。

「いったい、どれくらいの補助金が使われているのだろう……」

何よりも気になったのは、これだけの施設の建設や維持に必要な財源でした。

僕たち一行を案内してくれたのは、ＵＳＳＡのマーケティング担当者とヘッドトレーナーです。

「遠いところから来てくれてありがとう。今日は何でも聞いてくれ！」

僕がまず感激したのは、爽やかでビジネスライクなそうした対応に、です。〝日本のスポーツ団体あるある〟の１つである「威圧感」のかけらもありません。

１階には広大なトレーニングエリアが広がっています。最新のトレーニング器具がところ狭しと並び、プールや体育館のほかにも、スタジオ、栄養センター、ケアルーム、血液検査室、カフェテリアなどが備えられています。

言うなれば、高級リゾート地に潜むゴージャスな秘密基地といった雰囲気です。

肝心の競技施設も、スキーはアルペンからフリースタイル、クロスカントリー、ジャンプ、さらにはボブスレーまでそろっています。

充実しているのはハードだけでなく、ソフトも同様です。施設にはコーチはもちろん、トレーナーやドクターも常駐していて、USSAの認定を受けている選手であれば原則として誰でも自由に使えます。宿泊施設も完備しているので、オフシーズンの夏期でも、トレーニングやリハビリに励む選手で賑わっていると聞きました。

「日本の選手がどんなにがんばっても、これでは勝てるわけがない……」

ため息しか出てきませんでした。そして頭の中に浮かんできたのは日本でよく言われている、

「日本の選手は我慢強く、コツコツと努力する」
「日本人には日本人に合った戦い方がある」

そんなガラパゴス的な発想に対する危機感でした。僕が実際に見た日米の環境の違いは、竹槍でB−29爆撃機に対抗しようとしている姿と同じように感じてしまいました。

どんな戦いでも、勝つためには準備が重要です。太平洋戦争では、蓄えていた鉄と石油の量が違いすぎ、戦う前から結果は見えていたとされます。

噛み合わない会話

さて、いよいよ質問する時がきました。これだけの施設の財源は、いったいどこにあるのでしょうか。ちなみに、日本でオリンピック競技・種目を統括するトレーニング施設である国立スポーツ科学センター（ＪＩＳＳ）やナショナルトレーニングセンター（ＮＴＣ）には、莫大な国家予算が投入されています。


「すごい。とにかくすごいですね！　国からの補助金は、いくら入っているのですか？」

「いえ、国からの補助金は入ってないんですよ」

「なるほど。国からではないのだとすると、ＵＳＯＣ（アメリカオリンピック委員会）からの補助金ですね。それは、いくら、なのでしょうか？」

「はい？　どこからも、もらっていません。補助金は」


話がまったく噛み合いません。しかし、これほど巨大で豪華な施設なのです。外部に財源がないはずはない。さらに尋ねます。

「え〜っと。では、これだけの施設を建て、運営する財源はどこにあるのですか？」

「お金はＵＳＳＡが自分たちで集めて、施設をつくり、運営もしています。アメリカではこれが普通ですよ」

「え？　ええっと……」

僕はひたすら混乱していました。

「この施設は、土地は地元の自治体から借りて、建物は寄付金で建てました。運営は自前です。試合やイベントの開催から、選手のマーケティングやプロモーション活動、あるいはスポンサーを探す営業まで、すべて自分たちでやっています」

説明はこう続きます。

「ヤスダさんの混乱は理解できます。我々もかつては補助金に頼っていました。それがこのようになっているのは、前のＵＳＳＡ会長が経営ビジョンに基づいて、大改革を進めたからなのです。見てください」

と彼が指さす先には広大なゲレンデが広がって、スキーヤーであふれています。

「スキーやスノーボードには、こんなにも大きな市場があります。みんなお客さんです。正しいマーケティング能力さえあれば、お金はつくれます」

スポーツの自立と税金

「目からうろこ」とは、まさにこのことでした。

USSAのその施設を訪れたのはもうかれこれ10年ほど前の話になります。あの訪問以来、僕はこう考えるようになりました。

「スポーツは自前での成長と発展をめざすべきだ」

すなわち、「オリンピックでメダルを獲るためにはもっと補助金（税金）を投入するべきだ」という考えとは真逆で、競技団体は自らお金を稼ぐべきなのです。

さらに付け加えると、現在アメリカのオリンピック競技は自前で強化をするのみならず、獲得したメダルにまで課税されるというほど自立しているのです。

反対に日本は、競技団体に補助金が投入され、税金でトレーニング施設を建て、税金で運営しています。強化指定選手の一部強化費は税金が原資です。そしてJOC（日本オリンピック委員会）などが選手に支払う報奨金は非課税ということになっています。

オリンピック選手は納税しなくてもいいのだろうか。同じスポーツなのに、オリンピック以外の競技と不公平すぎないか？

プロ野球選手もお相撲さんも、毎年高額の納税をしています。たとえばお相撲さん、力士の収入については、国税庁のホームページに以下のように詳しく記載されているほど、厳格に課税ルールが定められています。

> イ　力士がスポンサーから受ける賞金↓事業所得
> ロ　力士又は年寄が給金割により分配を受ける地方巡業の益金↓事業所得
> ハ　協会が力士の後援会に対して支払う切符販売の手数料↓当該力士の雑所得
> ニ　力士が後援会から受ける金品↓一時所得
> ホ　力士が後援会等から受ける祝儀については、次によること。
> 　（イ）　法人から受けるもの↓一時所得
> 　（ロ）　個人から受けるもの↓贈与
> へ　力士が引退するに際して行われる引退興業に係る所得↓当該力士の事業所得

ただし、ホに掲げる祝儀のうち、祝宴会において贈呈されるもので、少額なものについては、しいて課税しなくてもさしつかえない。

同じスポーツなのに、かたや税金が投入され、かたや厳しく課税される。

もっと言えば、今の日本のスポーツ行政は「オリンピック」が税金の使い道を定義するというおかしな状態とも言えます。つまり、ＩＯＣがオリンピック種目を変更したら、税金の割り当て先が変わってしまうわけです。

それではいけません！

競技団体は自分で努力して資金を稼ぎ、その資金をもとに活動する。

スポーツの可能性を信じればこそ、そういう方向に舵を切るべきだと思います。財政赤字の国家に負担を強いるような放蕩息子のままでは、スポーツはいつまでたっても欧米社会のような高い社会的な地位を確立できません。オリンピックでメダルを獲得しても一過性のブームで終わってしまいます。

何よりも、税金頼りは「カッコ悪い」です。

アメリカのスポーツのガバナンスは3つに大別される

この章では「リーグ」「競技団体」など、スポーツ団体の改革、正しいガバナンスの導入がいかにスポーツの産業化を推進するかを解説します。

USSAでの体験は「オリンピック競技は税金で賄われるのが当然」と思っていた僕の考え方や発想を大きく変えました。今の日本の状態が「常識」ではなく、世界にはいろいろな形があると思い知ったのです。

では、アメリカのスポーツ団体はどのようなガバナンス構造になっているのでしょうか。プロリーグ、オリンピック競技、学校スポーツ、この仕組みを考察します。

アメリカでのスポーツ界のガバナンスを見ていくと、以下の3つに大別されることがわかります。

①プロリーグ型

メジャーリーグ機構（MLB）やプロアメリカンフットボール（NFL）などのプロスポーツは、各チームのオーナーが平等な議決権を持ってコミッショナーを選出し、コミッショナーがリーグを運営します。

②学生スポーツ型

全米大学体育協会（ＮＣＡＡ）で知られる学生スポーツのガバナンスの基本は、部活動を学校の正規のプログラムとした上で、参加する学校同士でリーグ編成やルールを決め、学校が試合自体を運営します。

③オリンピック（アマチュア）スポーツ型

連邦法により義務と権限が定義されている「ＵＳＯＣ」が管轄するオリンピック競技を中心とした競技団体による統治です。ＮＧＢ（National Governing Bodies）と呼ばれる競技統括団体は、ＵＳＯＣの設置根拠となっている法律に準拠した組織と運営を義務づけられます。

プロスポーツと学生スポーツは、参加者が平等な権利をもって民主的にルールを決めるという意味では本質的に同じガバナンスだと思います。

そしてアマチュアスポーツ、特にオリンピック種目は、その専門の連邦法が制定され、国家により管理監督されています。

一方で、日本のスポーツ団体はどんなガバナンス構造になっているのでしょうか。

日本野球機構（ＮＰＢ）はＭＬＢと同様の民主的なリーグ運営のガバナンスを行っていますが、その他の多くのプロリーグ、競技団体、学校スポーツのガバナンスは、欧米のそれと比べると、かなり危うい状態に見えます。

この「ガバナンス」という問題は、とどのつまり「この大会はなぜ行うのか、そのためにはどう組織運営するのか？」といった根本的な議論に端を発します。

ただ、僕には日本人は、こうした根本改善の議論があまり得意ではないように思えます。なぜなら戦後70年以上、根本的な議論がなされた形跡がなく、過去の定款に小さな修正を加える形で現在にいたっていることがあまりに多いからです。

社会構造が大きく変わり、世界がどんどん進化する中で、日本のプロリーグやスポーツ競技団体がどのようにガラパゴスから脱出するか。少し細かい事例も含みますが、どうぞお付き合いください。

ガバナンスがまったく機能しない日本の競技団体

日本では近年、スポーツ競技団体のガバナンスに関わる問題、たとえばパワハラ、セクハラ、資金の使い込み、独裁、私物化などの問題が、枚挙にいとまがありません。
問題がすでに発覚した以外にも競技団体はたくさんあるわけですから、まだまだ氷山の一角と言えるでしょう。前述のとおり、根本的な解決策を打ってないのだから当然です。

アメリカから学ぶべきスポーツ団体統治の基本は「民主的な運営」です。お互いがお互いを監視しあえば、当然ながら「ズル」はできません。どんなに威張っても、選挙で決めれば権力はとれません。

ＮＰＢは強くても弱くても、1チーム1票を持つ「オーナー会議」が最高意思決定機関です。12人で議論し、決議するシンプルでわかりやすい仕組みです。

しかし、それ以外のプロリーグや競技団体のほぼすべてでは、「評議員会」「理事会」「社員総会」などの「あらゆる関係者」が混在する組織が最高意思決定機関となっています。
特にアマチュア競技団体、たとえばＸＸ協会あるいは学生ＸＸ連盟という組織のほとんどが、「評議員」と「理事会」という一般社団・財団法人法に準拠した階層構造となっていて、一見ガバナンスが効くように見受けられます。

でも、特にガバナンスの肝である人事について定款の中身を読み解いてみると、以下のとおりになっています。

例①「評議員の選任及び解任は、一般社団法人及び一般財団法人に関する法律 第179条から第195条までの規定に従って、評議員会において行なう」

例②「評議員を決める選考委員会は理事会が選任し、理事は評議員が選定する」

例③「評議員選考委員会委員は評議会で選任する」

これでは、実質的なオーナーや経営陣を決める「人事規定」に、正しいガバナンスが効いていない状態と言わざるをえません。

例①においては、この一般財団法人法の第179条から第195条を読んでも、具体的な選任方法は書かれていません。例②においては実質、評議員と理事が互選する形です。例③に至っては評議員が評議員を選任する形になっています。

ひとたび理事になって権力を持とうとコツコツ動けば、連盟や協会自体を私物化することは十分可能な仕組みです。

ちなみに、日本アマチュアスポーツの総本山とも言えるJOCも、例②「評議員選考委員会は、理事会が選任する」という互選のガバナンス（?）になっています。

法律のスキマをつくような建てつけ

Jリーグや Bリーグなど、いわゆるプロリーグは非営利団体の公益社団法人として組成されています。

ただ、この2つの非営利団体は、同じく非営利団体の公益財団法人である日本サッカー協会、日本バスケットボール協会と共同で出資する子会社、「株式会社XXマーケティング」的な会社をいくつか所有しています。国費である補助金の入る非営利団体が、営利団体の株主となることは本質的な矛盾があるように思います。

ここにはそもそも法的な不備があるように思いますが、あまり突っ込むのは心臓によくないですし、本書の趣旨とは異なりますので、あくまでも事実の記述にとどめておくことにします。

その上で、「totoのお金も投入されているなあ」とか、「この子会社の社長の給料や接待交際費は誰がどう決めて、いくらなんだろう……」など、僕たち国民が事実を知り、考えることが正しい「ガバナンス」の第一歩とも思います。

国費が投入される組織ですので、誰に突っ込まれても胸を張れるような組織への構造改革を期待したいです。

蔓延するアマチュアリズム

本書の目的の1つ「暗黙知を形式知にする」ということで言えば、前述したとおり「法律や定款が悪い」ということになります。

しかし、各協会や連盟、あるいはプロリーグで理事を務める方々の話を聞くとなかなかそうではないようです。

- ＸＸ理事が1人でがんばってきているから応援しないと
- ＸＸ会長に逆らったらとんでもないことになる
- そもそも多くの理事たちに意見もないし
- 評議員なんて名前を貸しているだけだよ
- 理事って単なる名誉職だから
- 会計の詳細はＸＸ理事しかわからないと思うよ
- そもそもお金が全然ないんだから！

という、そもそもの「アマチュアリズム的な習慣」、つまり「運営費がないから片手間で仕方ない」という状態です。その上で「他人行儀」というか、主体性のない「事なかれ主義」という「空気」も、現実的な課題となっているようです。

「鶏が先か卵が先か」という問題になりますが、正しいガバナンスの導入と、ＩＯＣの方針に従ったプロ化への舵切りが不可欠です。

目前に控えた東京オリンピック。たくさんの利害が入り組んでいるだけに、今後も「ガバナンス不備によるスキャンダルの顕在化」は歯止めが効かないように思っています。

では、正しいガバナンスとは何なのか。根本的な解決方法を考えてみます。

アメリカのＵＳＯＣはどのように改革されてきたか

先ほど、アメリカではオリンピック競技を法律で統治していると記述しました。このような統治になっている理由は、日本と同様に過去から最近にいたるまで大きなスキャンダルが続いているからです。「#me too」運動の１つに数えられるアメリカ体操連盟の医師による性的虐待事件などは、記憶に新しいところだと思います。

アメリカでオリンピック競技を統治している法律は「テッド・スティーブンス・オリンピックおよびアマチュアスポーツ法」と呼ばれ、ＵＳＯＣと傘下のＮＧＢ（競技統括団体）などが順守すべきルールが定められています。しかも問題が起きるたびに修正されています。

ＵＳＯＣに改革のメスが入ったのは、２０００年代の初頭でした。

ロサンゼルスオリンピック（１９８４年）の商業的な成功を背景として、１９９０年代に組織は肥大化し、各競技団体の代表者などで構成される役員（理事にあたる役職）は１００名を超えるほどに膨れ上がりました。利権も膨らみ、汚職、過剰接待、経歴詐称といった数々のスキャンダルにまみれていきます。

改革に踏み切る決定打となったのが、ロイド・ワード前ＣＥＯのスキャンダルです。兄弟の経営する企業との架空取引が２００３年に発覚しました。その影響でトップスポンサーが降りるという騒動となり、アメリカの上院委員会が介入し、法律の整備がなされました。

改革法の下で、１２４名いた役員は９名にまで削減されました。さらに役員の選任基準を独立性、透明性の高いものとするために、４つの常任委員会（監査、報酬、倫理、指名）を設置します。いわゆるオンブズマン機能も見直し、内部通報制度も確立されました。

また、議会と大統領への報告義務により、活動の管理監督が明確になされるようになりました。

この法律により定義されるUSOCの義務の1つに、NGBの認定や監督があります。各NGBはUSOCの組織構造や運営に、そのまま準拠する必要があります。

したがって、アメリカのアマチュアスポーツ、特にオリンピック競技団体は「連邦法→USOC→NGB」という垂直統合式で管理監督されている、ということになります。

では、日本はどうでしょうか。

JOCは一公益財団法人であり、USOCのようにそれを規定する特別な根拠法はありません。また、各中央競技団体、日本ではNF（National Federation）と呼ばれますが、各NFに対する管理監督の義務も権利もありません。

A4サイズ5ページで規定される「加盟団体規定」に準拠して、承認されればJOCの加盟団体としてオリンピックへの選手や役員の派遣ができ、補助金受給の対象にもなれるというのが、唯一の基準です。

まとめると、我が国では各NFが独自の運営スタイルを持ち、「法律」ではなくJOCという「一法人の定める規定」に基づいて補助金が支給される仕組みと言えます。のみならず、JISS、NTCの運営とその費用負担、JOCエリートアカデミー活動とその運営費、強化指定選手の強化費など税金の使い道が「一法人の規定」で決まるということです。

また、スポーツ庁や日本スポーツ振興センター（ＪＳＣ）からも補助金が支給されますが、競技団体の実態に即した法律に基づいて管理・監督されているわけではないので、はたしてガバナンスが十分に効いていると言えるか、疑問が残ります。

対してアメリカでは、ＵＳＯＣは連邦法により認定、監督され、大統領と議会への報告義務があり、厳しいガバナンスの下に運営されています。同様の義務を傘下の競技団体が負い、ＵＳＯＣは各中央競技団体に対する絶対的な執行権を持っているということになります。しかも前述のとおり、ＵＳＯＣもＮＧＢも、活動資金のほとんどが自前で賄われています。

チームカラーを統一できない「日本代表」

ＵＳＯＣとＪＯＣのガバナンスの違い、その統治力の差の象徴的な例として「ユニフォーム」があります。少し、考えてみてください。

日本代表は「何色」でしょうか。

赤？　青？　ん、なぜ青？　あれ、紺や黒もあるけど……。

アメリカは「赤青白」と簡単にイメージできると思いますが、日本は侍ブルー（サッカー）、サンライズレッド（陸上）などなど、競技ごとにユニフォームの色がバラバラです。日本にはスポーツの基本となる「チームカラー」がないのです。

こうした状態を「自由」と見るか、「無秩序」と見るか。中央競技団体（NF）と統括組織であるJOCとの力関係はどうあるべきなのか、それは読者の皆さまのご判断にお任せしたいと思います。

いずれにしても、スポーツ団体のスキャンダルはどこの国でも後を絶たない大きな課題です。昨今のオリンピックやワールドカップなど世界大会の事業規模を考えると、対症療法による微調整では解決できない、根本的な課題と言えるのは間違いないと思います。

法律で管理する民主的な運営体制

法律で定義されるUSOCと、その下部組織であるNGB。どのように民主的な運営が担保されているかというと、それは理事・役員人事にあると言えます。

日本は公益法人ですが、アメリカは前述したとおり、「USOCとNGB専用」の法律があって、役員構成を明確に規定しています。

その中でも注目すべきは、20％はアスリート代表が入らねばならないという規程です。つまり10人の理事であれば、2人は現役アスリートだったり、アスリートが委任する弁護士だったり、保護者だったりが入っているのです。

パワハラやセクハラ問題も、この理事なら告発しやすいでしょう。そもそもそういう温床ができづらくなります。アスリートファーストという言葉に実体がともなう、かなり民主的な運営が可能になると思います。

たとえば、この制度が日本高校野球連盟の理事に適用されたらどうでしょう。10人の中に1人は保護者、1人は高校の校長などが入ることで、親の立場からは安全対策の意見が出るでしょうし、学校の立場からは法律に則った正式な教育施策が実行できるはずです。

加速する「スポーツの商業化」に追いつけない

「スポーツを法律で支配するのか」
「競技団体の自主性は？」

という声が聞こえてくるのは理解できます。ただ、甲子園もいつの間にか「巨大な興行」に発展してしまいました。現在のオリンピックやワールドカップが、日本における「スポーツ」の概念をはるかに超えたビジネスになっているのも事実です。

日本におけるスポーツは「体育」という「教育」の概念から発展したもので、世界で加速する「オリンピック商業化」のスピードには、まるでついていけていません。

反面、文部科学省のホームページにはＵＳＯＣや各中央競技団体のガバナンス体系、運営方法、税金の投入具合に関する詳細な調査報告書など、「スポーツ団体のガバナンスに関する素晴らしい資料」がたくさんあります。その質の高さは、本書のはるか上をいく詳細さと格式の高さがあります。「日本の官僚、さすが！」と、拍手したい気持ちまで芽生えます。

となれば問題は、その官僚の能力や知識を使いこなす政治、あるいは政治家を選ぶ僕たちにあるのではないでしょうか。税金が投入されるのであればなおさら、納税者がもっと意識と知識を高く持つべきです。

そもそも、法律によるスポーツ団体の統治も民主的に選ばれた代議士が立法するわけですから、理事同士が互選して私物化が可能な仕組みより、よっぽど民主的な手続きと言えるでしょう。

プロリーグのガバナンスが生み出す「希少性」という力

アメリカ・プロバスケットボールのNBAに新たなスターが誕生しました。八村塁選手です。ドラフト1位での入団は、もちろん日本人選手で初めて。そのルーキーイヤーも開幕戦から大活躍を見せています。

八村選手が所属するワシントンウィザーズの共同オーナーであるラウル・フェルナンデス氏は、偶然にも僕の旧友です。八村選手を獲得してすぐに「日本でも盛り上がっているか?」というメールが届きました。

開幕後、何度か来日したラウルですが、もう「日本は盛り上がっているか?」という確認などまるで必要ない状態です。

「シュー（僕のニックネーム）、たいへんだぞ。今毎試合3000人の日本人が観戦している。Eコマースの売上の40%以上が日本人だ」

と、八村選手の予想を超える人気ぶりに大興奮している様子でした。

ラウルもビジネスで大成功を収めている資産家です。そのラウルを子どものように興奮させてしまうのがNBAビジネスであり、スター選手の誕生です。

無理もありません。ＮＢＡのプレイヤーはきわめて希少価値の高い、選ばれた存在だからです。

ＮＢＡは計30チーム。公式戦に出られる「ロスター」の枠は、1チーム最大17人しかありません。全体で510人。1試合ごとのアクティブロスター（出場可能選手）は13人と、さらに狭き門となっています。

バスケットボールは、世界でサッカーに次いで競技人口が多いスポーツです。その厳しい生存競争が、圧倒的なステイタスと競技レベルの高さを生み出しています。

プロスポーツリーグの最先端をいくアメリカのリーグ運営スタイルの大きなポイントは、次の2点に集約されます。

・オーナー会議という民主的な最高意思決定機関の存在
・参入困難な希少価値の活用

ここからは、2つ目の「参入困難な希少価値の活用」について解説していきます。

希少性が生み出す価値

オーナーたちは、人々を熱狂させるスポーツの魅力を熟知しています。選び抜かれた最高のプレイヤーが最高のプレイを見せる。チケットは高額化し、グッズは売れ、限定されたファンイベントの価格は跳ね上がります。スター選手に少しでも近づきたい人々の欲望を的確にマネタイズしていきます。

新チームの参入にも厳しいルールを自ら設けています。既存チームを買収するか、チームを増やすエクスパンションをするか、いずれの場合もオーナー会の承認なしにはリーグには参加できません。

チームを所有したい資産家やプロチームを招致したい都市は潜在的にたくさんあるので、いつでも需要過多の状態。既存チームとリーグの価値はどんどん上がっていきます。

エクスパンションはどこの都市か？　いつ、何チーム増えるのか？　そういった話題だけでアメリカ中が熱狂します。

熱狂はさらなる需要を呼び、実現時のリーグ加盟金をより巨額にしていきます。すべては名うてのビジネスマンであるオーナー同士で企てる事業戦略で、その大きな武器が「希少価値」

なわけです。

同時に球団の所有者であるオーナーは、欧米ではずば抜けた名誉職でもあります。言い換えれば「仕事をやり遂げた人が最後になりたい職業」であり、椅子の数が決まっている「お金では買えない職業」とも言われています。

いずれにせよ、リーグに参加したい人やチームがたくさんあり、それでも「なかなか参加できない」というのが、本場のプロリーグ繁栄のダイナミズムなのです。

日本プロスポーツの「親会社の広告塔」という悲しい現実

では日本のプロスポーツはどうでしょうか。日本のプロ野球はアメリカのプロスポーツリーグによく似ています。オーナー会議が最高の議決機関だからです。ドラフト制度もあり、チーム数は両リーグで計12球団と限定されています。MLBが「バージョン3」とすれば、日本も「バージョン2」くらいまでは到達しているかもしれません。

課題は、日本のプロ野球において多くの球団は企業の子会社という実態です。

たとえば、アメリカでは名誉職でチームの所有者を示す「オーナー」というポジションは、日本では親会社の一ポストになっていて、定期的な人事異動によって務める役職にすぎません。

アメリカのプロスポーツリーグでは、オーナーは「もっぱらオーナー」という紳士協定があります。つまり、本業が球団経営なのです。別の仕事があるからオーナー会議に出席できないというのは許されません。最高意思決定機関であるオーナー会議以上に重要なものはあるはずがないからです。

日本のプロ野球チームは親会社が稼ぐためのツールとして誕生した歴史があります。新聞を売ったり、鉄道のお客さんを増やしたりといった、親会社の意思が球団経営に大きく影響を与えています。

同時に「球団を持つ」という名誉より、広告としての利用価値のほうが上位にあるというのも、残念ながら現実だと思います。

ちなみに、アメリカでは「大統領よりＮＦＬチームのオーナーになりたい」という決めゼリフがあるほど、一般的な名誉として例えられます。スポーツの社会的な地位の高さや価値の大きさを示すに十分なエピソードだと言えるでしょう。

とは言いつつ、日本のプロ野球にはオーナー会議があって、当事者であるチーム同士でルールを決めるという根底のガバナンスは成立しており、リーグビジネス、チームビジネスともに追求しやすい環境にあると言えます。

Jリーグモデルの課題

一方、サッカーのJリーグやバスケットボールのBリーグはすでにチーム数が多く、そもそも希少価値戦略がとりづらいフォーマットです。

たとえば日本で「Bリーグ選手」と呼ばれるバスケットボールのプロ選手のほうが、アメリカのNBA選手より多かったりします。結果としてチームや選手間のレベルの差が激しく、ゲームのクオリティが高まらず、顧客満足度も高めづらいです。

リーグへの参加条件もリーグが決定するのですが、最高意思決定機関が「理事会」というプロリーグとしては特異なガバナンスで、アマチュア競技団体のフォーマットに近い形になっています。

先述したJリーグの「天然芝スタジアム」という規定も「理事会の運営するリーグ」が決定権を持っていて、肝心の資金負担をしているチームや自治体に自由度がありません。

プロ野球が自分たちの都合で、人工芝という選択はもちろん、ドームにしたり、大きさを変えたり、ファウルグラウンドを変えたりと、収益最大化に向けて一直線に活動ができるのと対照的です。

現在日本には、英文字1文字を頭文字として「○リーグ」、と称するプロリーグ、あるいはプロを含むアマチュア競技のリーグがたくさんあります。その多くが名前のとおり、Jリーグモデルを模範としていると思いますが、それはそもそも、XX協会というアマチュア競技団体がプロリーグを結成するからにほかなりません。

つまりJリーグが、日本サッカー協会が統括する企業スポーツのリーグから生まれたように、他の○リーグもアマチュア競技団体がもとになっているため、その「アマチュアっぽさ」が抜けきれないのです。

すなわち、リスクをとってチームに投資をしているオーナーや、スタジアム運営費を負担している自治体の意見がとおりづらく、希少価値を生み出す力学が働かないという、プロリーグとしての本質的な課題があると言えます。

反対に言えば、日本の競技団体の権力の大きさを示しているとも言えるでしょう。

クラブが所有する株式会社に改革したプレミアリーグ

ヨーロッパのプロリーグは時代に合わせた形でダイナミックな変化を続けています。

サッカー発祥の地であるイングランドのプレミアリーグでも、アメリカ型プロリーグ統治への大きな転換がありました。1992年、1部リーグの全クラブがリーグをいったん離脱し、新たに「株式会社プレミアリーグ」を設立したのです。

同リーグは所属20クラブが株式を所有する会社です。それぞれのクラブは契約やルール改正など重要事項の決定に株主として投票権を持ちます。

当事者であるクラブ同士でアイデアを出してリーグの価値を高めていこうという、まさにアメリカ型の民主的なガバナンスです。降格や昇格もありますが、そのときは株の所有権ごとの移動になります。

その後のプレミアリーグの繁栄は説明するまでもありません。各クラブの資金力が上昇しながら実力が接近し、試合のレベルが格段に上がってエンターテインメントとして一気に洗練されました。売上は増え、豊富な資金でスタジアムの改革が進み、観客の満足度を高めるという好循環をつくり、ヨーロッパのサッカーリーグでは頭1つ抜けた存在となっています。

僕も何度かプレミアリーグのクラブを訪れたことがありますが、クラブの経営陣は「サッカーはエンターテインメントビジネスだ」と明言しています。クラブスタッフたちも一様に「優秀な営業マン」のような雰囲気で、物腰は柔らかく、日本の体育会的で権威的なムードはみじんもありませんでした。

日本もアメリカもヨーロッパも、プロリーグとしての成長をめざすなら、個々のチームが自立心や独立心を持ち、プロの経営者を登用し、リスクテイクに見合う権利を行使できる体制を整えることが何より肝要だと感じます。

「サッカー不毛の地」で奇跡を起こしたメジャーリーグサッカー

もっとも新しいプロリーグのフォーマットとして、アメリカのメジャーリーグサッカー（MLS）が挙げられます。4大プロスポーツの「いいとこどり」をしたようなリーグで、日本でも新たなプロリーグをつくる際に、参考にすべき点が多々あります。

まず画期的なのは、リーグ運営のプラットフォームです。MLSが採用している経営手法は

「シングルエンティティ（単一事業体）」と呼ばれるもので、いわばMLS全体が1つの企業体であり、所属する各チームは部署のような組成となっています。

その目的はずばり、「リーグとチームは一体で成長する」という、近年のプロスポーツの成功事例の集大成のような大胆な発想です。

一般企業の会社員が部署ではなく会社と契約するように、MLSの選手は個別のチームとではなく統括組織のリーグと契約し、給与もリーグから受け取ります。移籍は一般企業の人事異動と同じニュアンスです。

全体の共存共栄が目的であって、リーグとチームの一体経営はその手段なのです。

実際、1996年に発足したMLSは後発のメリットを活かして、右肩上がりで成長を続けています。アメリカのほかのプロスポーツのリーグ改革の実例を学びながら最適解を追求して、ドラフト制度、サラリーキャップ制度、スタジアム運営など、いわば〝いいとこどり〟で合理的なシステムを生み出してきたのです。

事業で成功した資産家がMLSからチームの経営権を買い取り、株主としてリーグ運営に参画するというケースも出てきました。

ここまでの説明だと、リーグに主導権があるじゃないかと感じるかもしれませんが、「チームのオーナーがリーグのオーナーである」というイメージです。チームのオーナーたちでリーグ全体のビジネスを執行していきます。

すべての力学が「リーグ全体の価値を高める」という全体最適へと向かうように設計されている組織というわけです。

サラリーキャップ制度を設ける意味

ＮＦＬやＮＢＡと同様に年俸高騰を抑制するサラリーキャップ制度を採用しているのは、かつて存在した「北米サッカーリーグ」が、ペレやフランツ・ベッケンバウアーといった高年俸のスーパースターを抱えすぎたために破綻にいたった経緯を反面教師としています。

ＭＬＳはいいとこどりをしつつ、独自の工夫も凝らしており、２００７年からは「特別指名選手制度」を取り入れました。

これにより各チーム２人まで、サラリーキャップに制限されない選手の獲得が可能となり、スタープレイヤーを確保できる仕組みを実現しています。

その仕組みを通してＭＬＳのロサンゼルス・ギャラクシーに入団したのが、まだ現役のイングランド代表選手だったデイビッド・ベッカムでした。特別指名選手の1人目となったスーパースターの名前から、この制度は「ベッカム・ルール」とも称されています。

ベッカムを筆頭に、ワールドカップでも活躍したスタープレイヤーがMLSに参入する流れが続いています。

いずれも代表歴を持つティエリ・アンリ（フランス）、カカ（ブラジル）、ダビド・ビジャ（スペイン）、スティーブン・ジェラードとフランク・ランパード（ともにイングランド）、アンドレア・ピルロ（イタリア）、ディディエ・ドログバ（コートジボワール）、バスティアン・シュバインシュタイガー（ドイツ）など、錚々たる顔ぶれです。

「親会社」としてのリーグの役割

親会社としての「リーグ」組織は全チームの利益を代表します。全体の利害を調整したり、リーグとして取り組んだほうが効率的に事業を担えます。

たとえば、放映権ビジネスはリーグが担当します。2002年には、放映権を一括管理する専門会社の「サッカー・ユナイテッド・マーケティング」を設立しました。

MLSの全試合に加えて、アメリカ代表の放映権も管理しており、2015年シーズンの放映権料の総額は年間9000万ドル（約99億円）と前年比5倍に急騰しています。

興行の核となるチケットセールスの手法も、リーグが全体のノウハウを集めて再配分する仕組みとなっていて、たいへんユニークです。

各チームに送り込む研修プログラムをつくりました。いわば「チケット販売員養成学校」です。「ナショナル・セールス・センター」という組織を設立し、そこでチケット販売員を育てて、各チームに送り込む研修プログラムをつくりました。いわば「チケット販売員養成学校」です。現在はリーグ全体で、400人近い優秀なチケットセールススタッフを擁しています。

こうした数々の取り組みが実って、アメリカでのサッカーの人気は1980〜2000年ごろに生まれた「ミレニアル世代」を中心に急上昇しています。

MLSの1試合あたりの平均観客動員は、2015年シーズンに2万人を突破しました。2017年シーズンは2万2000人を超えており（レギュラーシーズン後のプレーオフの平均観客動員は2016年シーズンに2万7000人を超えています）、Jリーグの2万751人（2019年シーズンのJ1リーグ）を上回っているのです。

アメリカはかつて、「サッカー不毛の地」と呼ばれていました。しかしこの言葉は、もはや僕たちおじさん世代にしか通用しないのではないでしょうか。

スタジアムもリーグ全体で最適化する

スタジアム戦略も、ＭＬＳは合理的で積極的な方策を立てています。

一番のポイントは自由度が高く、チームの事情や地域に合ったスタジアム戦略が可能ということでしょう。野球のヤンキー・スタジアムやアメリカンフットボールのジレット・スタジアムとの共用であったり、人工芝の使用であったり、チーム事情に合ったスタジアムが容認されます。

ただ共通しているのは、キャパシティを2万〜3万人に抑えているということと、どのチームもサッカー専用スタジアムの建設を具体的にめざしていることです。

リーグが成長を続ける昨今では「soccer specific stadium」（サッカー専用スタジアム）という専門用語ができたくらい、サッカースタジアムは一般化されてきています。

欧米におけるスポーツビジネスの基本は、何度も記載していますが「熱狂空間をつくり、顧客体験価値を最大化すること」にあります。そのためにキャパシティ管理はもっとも重要で、常に満員であること、チケットが完売することが求められます。

そのため、キャパシティの大きなアメリカンフットボールのスタジアムなどではスタンドの大半をブロックし、観客を前方シートに集約して熱狂空間をつくり出すなどの工夫をしています。

現在、24チーム中15チームがキャパシティ2万〜3万人のサッカー専用スタジアムを持つにいたっています。

ドイツは陸上競技場をサッカー専用スタジアムにつくり変えることでサッカービジネスを成長させました。アメリカは身の丈にあったスタジアム戦略をとっています。サイズを小さくしたり、人工芝を認めることで事業効率を向上させ、原資をつくり、サッカー専用スタジアムを次々と建設しています。

日本のJリーグには、海外事例から学ぶべきことがまだたくさんあると思います。

ベッカムと孫会長の共同事業

ソフトバンク・孫正義会長がオーナーを務めるスポーツチームは、ソフトバンク・ホークスだけではありません。２０２０年から25番目のチームとしてＭＬＳに参入予定のサッカーチーム、インテルマイアミＣＦのオーナーでもあります。このチームの共同オーナーで、言い出しっぺ的な存在なのが、あのデイビッド・ベッカムです。

このチーム、ユニークなポイントはいろいろありますが、スタジアムを軸にしたマイアミの都市再開発にも野心的な計画を持っています。そのプロモーションムービーがアメリカのスポーツビジネスのあり方を見事に表現していますので、具体的な内容を以下に紹介します。

名　　称：マイアミフリーダムパーク＆サッカービレッジ
完成予定：２０２２年
総　面　積：１６０エーカー（東京ドーム約14個分）、うち70エーカーをサッカー場、野球場、ウォーターパークなどスポーツエンターテインメント施設に使用
総投資額：10億ドル（約１１００億円）
新規雇用：１万３０００人、うち２３００人以上の正規雇用を創出
増加税収：４０００万ドル（約40億円）／年

動画ではごていねいに税収の増加見込みまで紹介し、自治体や住民たちの理解と協力を得ようとしています。

もちろんスポーツなので、誰もが楽しめるコミュニティ、子どもや高齢者の健康増進、音楽

とエンターテインメントによるマイアミらしいカルチャーの醸成なども盛り込まれています。

アメリカの最先端スポーツビジネスにオーナーという立場で参加する孫会長。こうした世界連携によって、日本の「ホークスタウン」がぐんぐん発展しているんだなぁと実感します。

「希少性」は莫大な価値を生み出す

孫会長も出資するMLSです。オーナーになりたい資産家は世界中にたくさんいます。ここでも「希少価値」戦略が威力を発揮します。

MLSはそんなニーズを顕在化し、うまくコントロールして、2009年に15チーム、2010年に16チーム、2011年に18チーム、2012年に19チーム、2015年に20チーム、2017年には22チーム、2018年には23チームへとエクスパンション（拡大）を続けてきました。2022年には30チームまで増える予定です。

MLSへの新規参入にかかるエクスパンションフィー（リーグへの出資金）は、2005年には1000万ドル（約11億円）だったのが、2017年には1億5000ドル（約165億円）にまで跳ね上がっています。2022年のエクスパンションフィーは2億ドル（約220

億円）とアナウンスされています。

日本でバスケットボールのプロリーグ（Bリーグ）を新設する際、MLSのエクスパンションの仕組みをコピー&インプルーブしていれば、もっと効率的でレベルの高いリーグ運営ができていたのではないかと思ってしまいます。

日本の「リーグ・団体改革」の処方箋

ガバナンス（統治）という言葉は、日本人にとっては何だか堅苦しい規制をつくるように感じられるかもしれません。

でも24年間、アメリカやヨーロッパの経営、スポーツビジネスの成長を見てきた僕の主観を言わせてもらえるなら「正しいガバナンスこそ成長の礎」です。

多くの人は普通に善意を持っていますし、少しでも悪いことをすると罪悪感を覚えるものです。ですが実際には、多くの組織で不正やスキャンダルが生まれてしまいます。

正しいガバナンスの導入は、リーダーや組織の士気を高めます。もっとリアルに言うと「がんばる底力」がぐーっと湧いてくるのです。

・赤字財政の続く国家の予算を「メダル獲得」のために使うこと
・自分の組織繁栄のため、法律の抜け穴を探ってグレーゾーンを攻めること

どちらも否定できるものではありませんし、倫理観を議論したいわけでもありません。でも、僕がその仕事を任されたとしたら、気持ちの良いフルスイングはできないと思います。

さらに言えば、僕が見てきた欧米のスポーツビジネスには、そんな次元をはるかに凌駕するダイナミズムがあります。そんなダイナミズムの基礎が「正々堂々と正しいことを行う」という姿勢だと思っています。

旧来的なスポーツ村でしか通用しない価値観を捨て、年功序列を排除し、年齢や性別、大昔の実績や学閥などに影響されない組織をつくるべきです。

組織を率いるリーダーは、実績により定量的に評価され、正当な報酬を受け、場合によってはクビにもなる。尊敬できる有能なリーダーのもとでのみ、選手やスタッフはキラキラと輝き、感動をつくり出すことができるのです。

スポーツは地域経済をつくり、人材を開発し、健康を促進する素晴らしい活動です。

正々堂々と正しいガバナンスを導入し、胸を張って経済活動を行い、納税という義務を果たし、国や地域に大いなる貢献を果たせます。

ビジネスモデルの背景にある、そんな精神性をまずは身につけることです。日本も、まずはそこからスタートすべきだと思わずにはいられません。

第4章

学校スポーツで稼ぎ、「教育」を充実させる

Sports are the 'front porch' of UC Berkeley.

Jim Knowlton

スポーツは
カリフォルニア大学バークレー校の
「正面玄関」だ。

ジム・ノウルトン
（カリフォルニア大学バークレー校アスレチックディレクター）

1・4兆円というアメリカ大学スポーツの市場規模

フィジーという国があります。

２０１９年に行われたラグビーワールドカップでも存在感を示し、リオデジャネイロオリンピックでは７人制ラグビーで金メダルを獲得。大きな話題になったことを記憶しているラグビーファンも多いでしょう。このフィジー、国全体のＧＤＰは約５５００億円です。

一方、アメリカの大学スポーツの市場規模は、フィジーのＧＤＰの約２・５倍にあたる１・４兆円にのぼります。アメリカのスポーツ市場、ではありません。「大学スポーツ」の市場規模がこれほどなのです。

年収１億円の億万長者が１・４兆円を貯金しようとしたら、１円も使えず１万４０００年もかかる計算になります。

そもそも、プロも含めた日本のスポーツ市場全体の大きさが約４兆円ですから、アメリカの大学スポーツ市場がいかに大きいか理解できると思います。

この経済規模、大きいがゆえに「大きすぎる」と、批判の対象になったりします。

こうしたご意見は身長2メートルの人に「大きすぎる！」と言っているのとさして変わらず、サイズの大小とコトの善悪は混同すべきではありません。しっかりと中身を見て「大きくて良い人」なのか、「小さくて悪い人」なのか、そんなことを具体的に考えていくべきでしょう。

本章では、前述した「リーグ・団体改革」とともに改革の両輪として機能している「個々の改革」の例として、大学スポーツにおいてスポーツビジネスが推進されている様子を紹介します。同時に、日本の大学スポーツの実態を詳らかにし、教育と経済の関係からスポーツの果たすべき役割を考察していきます。

アメリカの大学スポーツはどのように、どれくらい儲けているのか

２０１８年のデータですが、図表4-1はアメリカの大学の「アスレチックデパートメント」（後述する〝競技スポーツ統括部〟）の総収入ランキング上位5校と、その主な内訳です。

実に4校が、２００億円を超える収入を誇っています。

広島カープの年間売上が約１９０億円、浦和レッズが約76億円、僕の母校、スポーツの名門校として名高い法政大学の「総収入」が約６６０億円ですから、その規模感や大学における役割の大きさをイメージしていただけると思います。

図表**4-1**　アメリカの大学「スポーツによる収入」ランキング（2018年）

順位	大学名	総収入	収入内訳		
			チケット	寄付	放映権／ライセンス
1	テキサス大学	241億3,428万	73億4,485万	58億5,697万	97億6,452万
2	テキサス農工大学	233億6,394万	48億8,255万	103億5,929万	69億9,136万
3	オハイオ州立大学	226億1,123万	76億767万	36億8,834万	92億867万
4	ミシガン大学	215億3,460万	50億9,823万	43億1,358万	95億8,397万
5	アラバマ大学	195億2,301万	42億684万	33億2,349万	78億7,132万

単位：円（1US$＝110円）
出所：USA TODAY

こうした収益を生み出す基礎に「ホームアンドアウェー」形式という試合の運営方式があります。これによって、これらトップ5の大学すべてが10万人以上のキャパシティを持つアメリカンフットボールのスタジアムを維持できています。

公式戦で7試合、その他紅白戦など入れても年間10試合くらいしか使われないスタジアムですが、十分に採算がとれるほどの収益力を誇ります。

簡単に試算しても、年間80万人の集客。チケット代、飲食費込みで1人5000円使った場合、年間40億円の収入になります。学生スポーツは選手の人件費はかかりませんので、収益率はきわめて高く、300億円のスタジアムをつくっても十数年で十分に回収が可能でしょう。

同時に第2章で記載したとおり、イベントでの使用はもちろん、スタジアム内には広大な屋内スペースがあり、ロッカールームやトレーニングルームのみならず、学校の教室や事務系のオフィスにも使用されるため、実際には３６５日フル稼働です。

日本の学生スポーツを商業化すべきか

ラグビー早明戦もすごい集客力じゃないか？　箱根駅伝の放映権料、スポンサー収入は？　など、頭の中に「?・」マークが出ている方もいらっしゃると思います。ここらあたりの実態、実際に日本の大学が思うように収益を上げられないカラクリも、のちに紐解いてまいります。

学生スポーツを商業化すべきではない、という意見もあるかもしれません。しかし日本でも、すでに「チケット代をとる大きな興行でプレイする学生」「高い視聴率を誇る民放テレビ中継の中でプレイする学生」はいるわけで、商業化されている事実は揺らぎません。

日本で学生スポーツを商売にすべきかどうかという議論は、そもそも成立しないと思っています。

それでも、なお「やっぱり学生を使って巨大な商売するってどうなんだろう」という感覚が残るのも十分理解できます。

ここでは、約120年前のアメリカにタイムスリップして、その感覚を当時のアメリカの大学関係者に成り代わって追体験してみましょう。

大学スポーツはアメリカでどう進化してきたか

2017年、NCAA（全米大学体育協会）のマーク・エマート会長が来日し、僕が代表取締役を務めるドームで講演を行ってくれました。いろいろと貴重なお話を直接聞くことができましたが、何よりNCAA設立の起源を直接聞けたことは、プライスレスな体験でした。少し長くなりますが、ご紹介します。

「NCAAはアメリカ国内でも、その具体的な仕組みや実際にやっていることなどが、十分に理解されているとは言えません。それらを説明するにはNCAA組成の起源の話をするのが一番です。

大学スポーツはもともと、自然発生的に生まれた同好会のようなクラブチームでした。夢に向かう若者たちのエネルギーの矛先としてアメリカンフットボールやボートなどのチームが結成され、現在のアイビーリーグを中心に他の大学チームと対抗戦をするようになりました。

当時はルールや運営を決める仕組みもありませんでした。それでも、血気盛んな若者たちが母校を代表して戦う姿は、学生はもちろん、ＯＢ・ＯＧ、教員や学長たちまでをも熱狂させ、ロイヤリティを束ねていきます。ただそれがエスカレートして、特にアメリカンフットボールの試合が必要以上にエキサイトするようになってしまったのです。

危険なプレイが続き、死亡事故が頻発。そのころから大学でもさまざまな議論が行われるようになり、クラブや試合の運営を学生に代わって教員が管理するようになりました。それでも頻発する問題に、学長たちの大学スポーツの是非に関する懸念は消えませんでした。

大学でスポーツを行うべきかどうか。各大学でそんな根本的な議論がなされるようになりました。具体的には、当時ハーバード大学は、大学でスポーツを行うことを禁止するなど、大学によってスポーツへの取り組み姿勢に違いが現れはじめました。

そんな中でカレッジスポーツの大ファンだったセオドア・ルーズベルト大統領が、学長たちをホワイトハウスに集め、大学間でしっかりしたルールをつくるように促しました。

競技を通じて若者たちが成長していく姿、学生たちが学友たちを応援することで生み出される母校愛など、大学スポーツの価値を実感している学長たちは、お互いに協力しあって、共通するルールをつくり、試合を運営していくことで合意しました。それがＮＣＡＡの起源になります」

まとめると、以下のとおりです。

・現在のアメリカの大学のアスレチックプログラムも、もともとは任意のクラブチームだった
・クラブチームという課外活動ゆえ、多々あるリスクを恐れて大学スポーツを廃止する動きもあった
・クラブチームでの活動に限界を感じた学校側は、教職員でクラブを管理するようになった
・大学スポーツの教育的価値、エンターテインメントとしての価値を知っていた大統領と学長たちが集まって、共通するルールをつくり、組織として健全な成長をめざしていった

僕の中では「アメリカの大学スポーツもクラブチームだった」「事件や事故のリスクを懸念して大学スポーツを禁止するべきという意見も多かった」など、現在の日本と同じような状態だったことがたいへん印象的でした。

そしてそんな根本課題を、100年以上も前に国家のトップと大学のトップがしっかりと議論していたという事実に、しみじみと「ああ、やっぱりアメリカの民主主義ってすごいなぁ」と実感してしまいました。

アメリカの大学には「スポーツを管轄する」部署がある

「大学スポーツを正式な教育活動とする」「お互いにルールを決める」「そこに納得した大学が参加する」「収益を上げ、教育現場に再配分する」という前提で「了」とされているのが、現在のアメリカの大学スポーツだと言えると思います。

１００年以上前に、大統領と62校もの学長が議論を交わし、賛否両論ある中で、教育の手段としてスポーツを活用することが正式に承認されたという大きな枠組みは、現在でも変わっていません。発足のきっかけとなった安全対策、コンプライアンス、そして収益の配分などなどについて、日々、それぞれの専門委員会で議論され、ルールや規定が改訂されています。民主的な組織を整え、社会の進化に対応し、継続的に変化していくということで「了」としている、ということでしょう。

意外と知られていないのが、アメリカの大学スポーツの組織構造だと思います。

アメリカの大学にはアスレチックデパートメントという正式な部署があり、ここに所属するチームはアスレチックプログラムと呼ばれ、大学の正規の活動となります。

後に詳述しますが、ここが日本の大学と根本的に違うところです。アメリカの大学では人事部や財務部と同じようにアスレチックデパートメントという部署があるということです。

アスレチックデパートメントの適切な日本語訳はありませんので、ここで「競技スポーツ統括部」としておきましょう。アスレチックプログラムは「競技スポーツ課程」というイメージだと思います。

すべてのリーグ戦はホームアンドアウェー形式で試合が行われるため、学校は施設を用意して、集客の努力をして、大学スポーツの価値最大化をめざします。興行収入はプロ野球などと同様に全額ホームチームに入りますから、がんばればがんばるほど大学はさまざまな果実が得られます。

アメリカの大学スポーツはどう進化を続けているのか

「アメリカ型のアスレチックデパートメントを設置しよう」という意思が筑波大学・永田恭介学長から示されたのは、２０１６年のことでした。

僕たちの会社でお手伝いさせていただいたのですが、実際に成功しているアメリカのモデルを研究させてもらおうということで、比較的予算規模がコンパクトなテンプル大学に依頼をしました。テンプル大学にはご快諾いただき、同大学との共同研究やさまざまな交流活動が始まりました。

中でも大学スポーツ、NCAA研究の第一人者であるジェレミー・ジョーダン上級准教授（僕たちはジョーダン先生と呼んでいます）が何度も来日してくださって、日本の大学スポーツの健全な発展のために、我がことのように取り組んでもらえています。

ジョーダン先生によると、1940～1950年までは、アメリカの大学にはアスレチックデパートメントも、そのトップであるアスレチックディレクターも存在しなかったそうです。しかし、スポーツから得られるブランディングの価値、コミュニティとの一体感、そしてOB・OGとエンゲージできる手段としての大きな力に大学が気づきはじめます。

そして1950年代後半から、アスレチックプログラムを統括するアスレチックデパートメントが各地の大学に設置されはじめたということです。

アメリカの大学アスレチックデパートメントの概要

現在の大学アスレチックデパートメントの概要を、ざっくり説明します。

予算規模は、テキサス大学やミシガン大学などの200億円クラス、メリーランド大学などの100億円クラス、そして45億円規模のテンプル大学など、各大学によって状況はさまざまです。各校の歴史や立地条件によって、それぞれモデルが違っています。

地域住民にとってなくてはならない存在、たとえば阪神タイガースのように絶大な人気を誇るチームも多く、そういった大学では予算規模も巨大になります。また、都会や観光地にある大学はそもそも入学希望者が多く、学生がスポーツを楽しんだり、母校愛を育むために活用されたりしています。

NCAAは予算規模に応じてディビジョン1から3までカテゴリー分けをしており、それぞれ大学自身が自分の所属したいディビジョンを選びます。日本のように競技ごとに団体が分かれていないので、ディビジョン1に所属する大学は基本的にすべての部がディビジョン1に入ります。入れ替え戦の仕組みはありません。それぞれのディビジョンの中でリーグ戦を戦います。

たとえば学業が優秀なイエール大学はアスレチックプログラムにも力を入れており、ディビジョン1に加盟しています。同じく学業に優れた大きな大学であるシカゴ大学はスポーツへの関心が低く、ディビジョン3に加盟しています。

ディビジョン3の大学では、スポーツは学生たちのエンゲージメント強化の役割を担いますが、収入源にはなりません。ディビジョン1、2の大学では、スポーツからの直接収入が得られると同時に、スカラシップ（奨学金）など大学からの拠出金もあります。

フィラデルフィアの都心にキャンパスを構えるテンプル大学は、アスレチックデパートメントの予算規模は45億円程度で、特にスポーツを収入源にしていません。大学全体のブランディング、そして学生やOB・OGの大学に対するエンゲージメントを高めることを主な目的にしています。

したがって、アスレチックデパートメントのトップであるアスレチックディレクターには大学運営に詳しい人、たとえば大学でスポーツマネジメントを学び、卒業後は職員や教員として学校運営に携わってきた学校職員が就任するケースが多いです。

予算規模が100億円を超えるような大学では、アスレチックプログラムの成否が大学自体の未来に大きく関わってくるだけでなく、そもそも活動自体が「ビッグビジネス」となります。だからこうした大学のアスレチックディレクターには、大企業の経営幹部経験者が就任したりします。

いずれのケースも、近年確立されている標準的な組織構造は、学長の直下にアスレチックディレクターが存在し、その下に大きく3つの部門が組織されています。それぞれ、マーケティングやスポンサー営業など対外的な業務を行う「渉外部門」、学生の学業サポートやコンプライアンス問題を扱う「内務部門」、競技現場の指導者の雇用や管理、あるいは施設管理を行う「スポーツ管理部門」です。それぞれ責任者をおいて運営されます。

また各部門のスタッフにはスポーツ関連学部で学ぶ学生がインターンとして働いています。学生がスポーツマネジメントを現場で学び、単位を取得でき、大学は貴重な労働力を得るという好循環を生む仕組みも一般的になっています。

以上はざっくりとした説明ですが、ポイントは2つあります。1つは学長の直下に、大学の正規の活動としてのアスレチックデパートメントがあり、それぞれ企業のような組織で運営されているということ。もう1つはそれぞれが「モデル」として成立していて、各大学がお互いの成功事例を模倣できる仕組みになっていることです。

アスレチックデパートメントが生み出す価値

アメリカの大学スポーツの過去15年間の成長をわかりやすく理解できるエピソードがありま

す。日本における大学スポーツの可能性をアンダーアーマーの創業者、ケビン・プランクと議論したときのコメントです。

「シュー、大学スポーツには大きな可能性がある。ビジネスとしての将来性もあるけど、それ自体が教育環境をよりよくできるって、すごい仕組みだよ。

アンダーアーマーがメリーランド大学（ケビンの母校）にユニフォームを供給したのは２００４年のこと。そのときは商品原価の５０００万円で販売したんだ。ユニフォーム生産は手間がかかるから、会社にとって当時は大きな負担だったよ。

それが今では、ユニフォームを着てもらうために年間5億円も支払っている！　でも、大学がそんな資金をうまく使って、施設を整備したり、ブランディングに力を入れたりして、メリーランド大学そのものの人気がどんどん高まっている。

だから、今ではアンダーアーマーも、人気のあるライセンス商品が売れてくれているおかげで収支はトントンだ。学生も恵まれた環境で勉強できたり、スポーツできたり、みんなハッピーだろ」

アメリカの大学スポーツも、つい最近まではそこまで大きなビジネスだったわけではなく、それぞれが努力して成長基盤をつくってきたということがよく理解できるエピソードではないでしょうか。

アメリカの大学は大儲けしているが、日本はゼロ

このような流れから、アメリカの多くの有力な大学や高校は、スポーツに大きな力を入れています。その理由を改めて整理すると、以下のとおりです。

・スポーツを通じて人材を開発できる
・スポーツで直接の収入を得られ、教育に再投資できる
・スポーツで学校のブランド価値を高められる
・スポーツを通じて学校の一体感を高められる
・スポーツを通じて地域社会に貢献できる

平たく言うと、アメリカの学校はスポーツの持つ価値を最大限に利用して、「収益の最大化→教育環境の整備→優秀な人材の育成」というサイクルをつくっています。

これは経済を軸にしていますが、教育そのものについても「知名度の向上→優秀な生徒の就学・優秀な教員の登用→優秀な人材の育成」というサイクルになります。

「優秀な人材の育成」は最終的に、政治や経済、各種研究などなどすべてにおいて効力を発揮するのは言うまでもありません。

アメリカほどではないですが、日本にもスポーツの価値を認識し、前記のようなサイクルをめざしてスポーツに力を入れる学校はたくさんあります。

ただ、現在は日本の大学スポーツ市場の規模は実質「ゼロ」という状態です。その理由は、日本とアメリカでは「ボタンの1つ目」というべき大前提が異なっているためです。

残念ながら日本の学生スポーツはボタンのかけ違いを修正することなく、戦後70年以上が過ぎてしまっており、修復には大きな手術が必要です。このボタンの1つ目について、この後詳しく説明します。

日本の大学スポーツの実情

100年以上前に「大学スポーツ」が何たるか、どうあるべきかをしっかりと定義したアメリカ。日本の体育会に値する「アスレチックデパートメント」が仕切る形で100億円以上の収入を得る大学がゴロゴロ存在し、NCAAという大学スポーツ統括団体の直接収入は

1000億円超。大学スポーツビジネス全体では1・4兆円という市場規模にまで拡大してきました。

僕たち日本人は、「NCAAは商業化に走りすぎている」などと批判する前に、「日本にはそもそも大学スポーツ市場が存在しない」ということを知っておくべきです。

つまり、かたや「巨大すぎる」という事実に対して、かたや「ゼロ」だということです。そういう意味では、大小の問題ではなく、有無の問題です。

批判の的になるほど巨大な収益の大半がアメリカの教育現場に再投資されていることを考えると、「人材が資源」である我が国にとって、大学スポーツの機会損失は大いに憂慮されるべき事実だと思います。

NCAAのマーク・エマート会長はルイジアナ州立大学やワシントン大学のトップを歴任してきた生粋の教育者です。長年、大学スポーツの研究をしてきたテンプル大学・ジョーダン先生とともに経済人ではありません。

その2人が、「大学スポーツは教育そのものです。トップである学長がそこに気づくこと。そしてトップが改革への強い意思を持つことが何より重要です」と口をそろえます。

トップが強い意思で大学の成長、発展を望むのであれば、今の手つかずの状況はチャンスでしかない、ということです。

「スポーツを『正課』と認めるか」がボタンの1つ目

先述したとおり、日本の「大学スポーツ市場規模」は残念ながら「ゼロ」と言えます。

「野球の早慶戦でX万人も観客が入っているじゃないか!」
「箱根駅伝はすごいスポンサーがついてるじゃないか!」

という声をぐっと飲み込んで、読み進めてください。

アメリカの大学スポーツにおける「収入」の主体は「大学」です。大学が直接得ている収益を示していて、間接的な「経済効果」ではありません。

では、早慶戦や駅伝で興行収入を上げているのはどこか。それは東京六大学野球連盟や関東ラグビーフットボール協会、あるいは関東学生陸上競技連盟という「競技団体」です。「その連盟や協会から分配金があるだろう!」という声も聞こえますが、もう少し続けます。

大きな大会などで競技団体に大きな興行収入が入る場合、その収益は「大学の部活（＝体育会）」に分配されます。

細かいですが、きわめて重要な要素なのでしつこく記載します。

その分配金の振り込み先は、ほぼすべてが「部活の部長」あるいは「部活の監督」の「個人口座」になります。なぜなら、部活は「課外活動」だからです。近年「一般社団法人化」する部活も登場していますが、ますます大学とは別組織にお金が入るということです。つまりその分配金は、大学の活動と何ら関連のない「任意団体」や「一般団体」のものなのです。

ということで、日本の大学スポーツは大学の収入に一切関わりなく、あくまでも「競技団体」や「部活」という一般法人、もしくは任意団体の収入なのです。大学スポーツ市場とは違うもの、と理解しなくてはなりません。「大学スポーツ関連市場」とでも言うべきでしょうか。アメリカでも同じようにアスレチックプログラムに入れないクラブチームはたくさん存在していますが、これらは「大学スポーツ市場」には入っていません。

一方、ＮＣＡＡは競技団体ではなく、大学が集合した教育団体です。ですから、ＮＣＡＡがあげた収益は「大学の口座」に直接配分されます。巨額の放映権料やスポンサー収入も、ＮＣＡＡや傘下のカンファレンスを通じて大学そのものに配分されます。

つまり、「スポーツが大学の正式な活動かどうか」が「ボタンの1つ目」なのです。

不健全なまま放置されている大学体育会

日本の体育会は、大学が正式に認めた団体じゃないのか？

はい、そのとおりです。

でも、それは大学が課外活動に対して勝手に定めた学内の地位であって、それと「試合への出場資格」という対外ステイタスは何ら関係ありません。

大学体育会は「競技団体が参加資格を与える」ことで「競技団体が主催する試合」に出場しているというのが実態です。アメリカと異なり、このプロセスに学校組織は一切関係しません。

では、競技団体とは何でしょうか？

前述のとおり、法人格を持っている場合もありますが、任意団体の場合もあります。学校教育に直接関係のない団体なので、平日に試合日程が組まれて、学生アスリートが授業に出られないという、教育活動として本末転倒な事態が頻発しています。

反対に、大学からは「体育会」と認められていないチームが、競技団体が主催する大会に大学を代表して参加しているケースもしばしばあります。「準体育会」などと呼ばれる組織がこれにあたりますが、普通に試合に出ていますし、勝ち抜けば大学日本一の称号を得ることも可能です。

これらはすべて、大学の体育会・部活は競技団体が定義しているという事実を示すものです。ボタンの1つ目が違うとこんなに違うのかと、ため息が出てきます。

それ以外にも、日本の大学の体育会が任意団体という中途半端な状態にあることの具体的課題は、以下のようにたくさんあります。

・学生が支払う部費の金額は運動部で任意に決められる
・監督という職掌は大学には存在しない
・監督やトレーナーなどの給料はOB会などで決められる
・競技団体に「選手登録料」を支払うことが試合出場の条件
・運動部がグッズやイヤーブックなどを販売しても消費税を徴収せず、納めもしない駅伝やラグビー、あるいはアメリカンフットボールなど、日本でも何万人も集客があってテレビ中継されるような大会はたくさんあります。

でも、「大学の部活動」に与えられる「分配金」は数百万円です。実際には数億～数十億円は動いているかもしれませんが、金額は公表されず、配分も競技団体が一方的に決定します。いずれにしても大学の収入はゼロです。

アメリカの大学は、大学のプログラムとして試合が組まれます。大学自体が試合の主催者ですから「ホームアンドアウェー」が原則です。収益はホームとアウェー、10対0で配分されます。前述した巨額の放映権料の分配金も、NCAAという利益代表者団体の中で学校同士が平等な立場で話し合う仕組みができているので、透明性も妥当性も明確です。

なので学内に大きなスタジアムやアリーナをつくって集客し、収益の最大化を図るインセンティブが大学自身に働くわけです。

ボタンの1つ目をかけ違え、不健全なまま成長しきれない日本の大学スポーツ。それに対してボタンをきっちりかけたことによって、すくすくと成長しているのがアメリカの大学スポーツなのです。

アメリカは会社主催の忘年会、日本は個人が開く忘年会

アメリカの大学スポーツは「試合は大学のイベント」であり「大学が試合の主催者」です。大学の正式な活動ですから、大学の費用で運営され、「部費」も「部の口座」という概念もありません。

アメリカでは大学スポーツの監督はたいへん立派な職業ですし、公立大学の指導者なら公務員とも言えます。ですので、アメリカには公務員の億万長者が多数いて、なかには年収10億円に迫る公務員も存在しています。

大学はそれぞれ「ファイターズ」「ベアーズ」などのニックネームをつけたマスコットをつくって、ライセンス商品の販売を最大化しています。すべては大学の収益ですので、当然ながら大学の会計の中で納税します。

この違いを例えるなら、アメリカは「会社主催の忘年会」をやっているのに対し、日本は「営業部長主催の忘年会」をやっているイメージでしょうか。

会社主催の忘年会は正式な会社の行事であり、社員はお金を払わず、会社のしかるべき経費

に計上されます。しかし、営業部長が企画した忘年会は任意の会合にすぎません。部長が自腹を切ろうが会費を徴収しようが、会社の会計とは一切関係ありません。

「飲んだ食った」とやることは同じでも、「正課」「課外」という社会的なステイタスはそれほど違います。「アスレチックデパートメント」と「体育会」の違いを、そんなふうにイメージしていただけるとわかりやすいのではないでしょうか。

日本で唯一、体育会を大学の正規のプログラムとすることをめざしたアスレチックデパートメントを持つ筑波大学の永田恭介学長いわく、「大学の帳簿に載らない活動は、すべて課外活動である」ということです。この大学トップの一言に、大学体育会のおかれている立場が凝縮されていると思います。

日米教育環境の絶望的な格差

箸休めとして、個人的な話をさせてください。僕には大学生になる娘と高校生になる息子がいます。娘は15歳でアメリカの高校に留学しました。息子は日本の高校に通っています。

僕が驚き、危機感を覚えたのは「日米の学校カリキュラムの違い」です。

娘が通っていた高校は、大学のように細かな選択科目があり、その履修要項は150ページに及ぶものでした。娘は自分の将来像を頭に描きながら「Contemporary American literature（現代アメリカ文学）とRomance in literature（ロマンス文学）、どっちとればいいかなあ」など、年度のはじめや学期ごとにそんなことを考えます。必須科目の中にも選択肢があるので、クラスの概念はありません。どの授業も15人以下の少人数で、試験も宿題もPCでやり、クラウドで提出します。

部活も学校の正規の活動として、学校の予算がつき、監督やコーチという職掌があり、履修科目として単位がとれたりします。学校の正規の活動なので、試合は「学校の行事」となります。

日本の「体育」のような画一的な必須科目はありません。高校生ともなれば体力的に大きく差異が出てきます。ですから、レベルや好みに応じた体育系の選択科目がたくさんあります。

一方で息子の通う学校は、僕の学生時代とほぼ変わらないカリキュラムです。

1クラス40人。時間割表があって、黒板があって、紙の教科書とノートを使います。最近、指導要領に加わった「ダンス」という授業が苦痛で、かなり苦しんでいるようです。それ以外の選択肢はないようで、いつもウキウキと履修科目を選んでいる娘と比べて不憫に思ってしまいます。

時代は大きく変わっています。学校はなぜ存在するのかと言えば、社会に出て立派に働くため、立派な社会をつくる一員になるためだと思います。

働き方が多様化していて、専門性を追求するべき仕事もたくさんあります。元気な挨拶はできなくても、パソコンを自在に操ってデータ分析できる能力があれば、大いに社会に貢献できるのが現代社会です。

学校改革は、スポーツだけではありません。

天然資源の乏しい日本にとって人材の育成が生命線だとすれば、今の画一的で保守的すぎる教育行政はリスクのほうが大きいと思ってしまいます。

少なくとも、息子には「大学はアメリカに行け！」と、留学を勧めたくなってしまうことが、日本人としても寂しく残念な気持ちでおります。

「教育にはお金がかかる」という当たり前の現実を受け入れろ

・部費のない部活

僕の娘が通った高校のような教育環境を実現するには、当然ながらお金が必要です。

・遠征費のかからない試合
・学校から支給される用具
・専門性の高い少人数のクラス
・クラウドベースの教育システム
・冷暖房が完備された教室や体育施設
・洗練されたカフェテリア

など、素晴らしい教育環境の学校には、世界中から素晴らしい教育者と素晴らしい学生・生徒が集まります。当然ながら、教育の質は高まります。

「教育だから商業化しない」

日本学生野球憲章などに見られるとおり、競技団体が定義する「教育」は、世界の教育の実態からかけ離れてしまっています。そもそも授業を休ませてまで平日の昼間に公式戦を行う一法人に、教育を語る資格はありません。

アメリカでは高校の試合も学校が主催する「学校の行事」なので、すべての興行収入は学校が得られます。そのお金で教育環境を整えるという合理的な仕組みです。

目的は、お金を稼ぐことではありません。教育の質を高めること、それを目的として、スポーツという眠っている資産をアクティベートし、お金を稼ぐということがポイントです。教育だから商業化しない。その代償に、灼熱の体育館で体育の授業を行っている合理性はどこにあるのか。真剣に議論すべきだと思います。

改革を始めた日本の大学

「うん、それ僕がもともと考えていたことだよ。すぐやってよ！」

・体育会は任意団体、このステイタス改善が本丸
・アスレチックデパートメントを新規設置
・体育会活動をアスレチックデパートメントに入れ、大学の正課とする

2016年のはじめに、こんな内容のプレゼンを筑波大学の学長をはじめ、副学長や理事の方々にさせていただきました。プレゼンが終わった瞬間、永田恭介学長は明確に「すぐやってよ！」と言い切りました。

大学という保守的な組織。しかも私立大学と比べて自由度の低いであろう国立大学。「頭の

固そうな教育者のトップに、アメリカの最新事情は少々刺激的、もしくは難解だろう」。心に抱えていたそんな不安が一気に吹き飛ぶような見事な決断でした。

そこからのストーリーも1冊の本が書けてしまうほどの内容なのでここでは深掘りはしませんが、ご自身が本気でサッカーに取り組んでいた元学生アスリートで、アメリカ留学経験も豊富というご経歴を後々に知ることとなり、永田学長の電光石火の決断の背景が少しばかり理解できました。

「これからの大学は自主的に生き残らねばならない。武士の商法はもう通用しないんです。力を貸してください」

スポーツ以外の研究では、幅広い領域で民間企業と手を組んでいます。同じように、民間企業と手を組んで筑波大学の体育会を改革するという永田学長の方針は明確でした。

「必要なのはトップの意思」。エマート会長の言葉どおりでした。

テンプル大学に学ぶ「学生スポーツの真髄」

前述したテンプル大学のジョーダン先生が初来日した際、固定観念に凝り固まった僕を前にして、最初にこんな説明をしてくれました。

「ＮＣＡＡはメンバーシップの組織です。つまりボトムアップの組織で、トップダウンではありません」

ＮＣＡＡという大学スポーツを統括する強力な組織により、大学スポーツは厳格に管理されていると信じきっていた僕でしたので、何のことだか意味がさっぱりわかりませんでした。「このおじさん、形式論が大好きな教育オタクで、現場には全然詳しくないのかな」などと思っていました。

「シューさん、混乱しているのは十分理解できます。アメリカの大学スポーツは１２０年の歴史を経て、現在の形に進化を続けてきました。巨大な組織となった今でも課題への対応を通じて進化を続けています。その進化の歴史を瞬時に理解するのは不可能だと思います」

「ほう」（とりあえず、説明を聞いてみるか）

「そのＮＣＡＡの進化をつくってきたのは、我々大学なのです。つまり、ＮＣＡＡは大学同士が集まってできた組織なのです」

「むむむむ」

頭の中でこんがらがっていた糸が解けていくイメージが徐々に湧いてきました。

ＮＣＡＡや大学スポーツに関わる基礎知識は人一倍持っていたつもりです。ケビンと出会った１９９８年からアンダーアーマーとのビジネスを始め、アメリカの大学も、大学スポーツも何度も見たことがあるし、多くのアスレチックディレクターと会談もしてきました。でも、肝心なことを聞き漏らしていたのです。

「えーと、っていうことは、ＮＣＡＡに加盟している大学は１１００校以上あると思うんだけど、その大学の全部がメンバーってこと？」

「Ｙｅｓ！」

ジョーダン先生、先生らしくマーカーペンを僕に向けてそう答えました。

「ＮＣＡＡはたくさんのルールを決めます。たとえば練習時間や特待生の数、あるいは練習に参加できる学生の成績基準、放映権の配分などです。それらはとても厳しいルールで、その運用も厳格です。でも、そのルールを決めたり、運用して罰則を決めたりするのも大学自身ということです。各学長、1校1票の投票権を持ち、大学スポーツのあるべき形を大学自身で追求するのがＮＣＡＡなのです。そのＮＣＡＡを支える大学、つまりはアスレチックデパートメントの存在がその基礎になっていることも……」

「Ｙｅｓ！」

今度は僕が叫ぶ番です。

「なるほど、もうわかった。今、すっきりした。なんて民主的で素晴らしい考え方なんだろう」

ジョーダン先生の説明を遮ってまで感心してしまいました。このときに、アメリカという国の民主主義のダイナミズムが体感的に理解できたように思います。

つまり、アメリカという国家のエネルギーの原点は民主主義にある。その根元はイギリスやフランスにあって、だからこそ欧米のスポーツの改革は、個々の課題をダイナミックに解決する方向に動いていくんだなぁ、と実感しました。ＮＣＡＡもサッカーのイングランドプレミアリーグもＭＬＢもみんな根底は同じ。「民主的な力学」です。

まず、アメリカの学生スポーツがここまで盛んになっている理由として、運動部の活動が課外活動ではなく大学の正規の教育プログラムであること。その前提としてNCAAという民主的な統括組織が存在するという構造が理解でき、僕の本能を刺激する「最適化」というイメージがくっきりと浮かび上がりました。

民主的な組織を束ねる「理念」

NCAAが掲げているのは、次のような理念です。

「スポーツを通じて、アカデミック、アスレチック、および社会的に意義のある経験に学生を参加させるモデルをつくる。高いスポーツマンシップに則った、アカデミックとアスレチック両面の表現に優れた人材の形成を目的とする」

この理念をもとに、「アカデミック」「ウェルビーイング」「フェアネス」を行動指針としています。それぞれ「学業」「素晴らしい状態（環境や自身のあり方）」「公正」と訳されます。

この行動指針に基づいて、たとえば学業の成績基準を設けたり、練習時間を制限して学生生活を充実させることを試みたり、それぞれが各校で同じ条件になっているかを監視しあったりする細かなルールを定めます。毎年のように課題が出ては、メンバーシップに基づいて解決策を考えている。そんな印象です。

変わらぬ価値を据え、変わるべきルールを変えていく。

全米1100以上の大学がこうした理念や行動指針に賛同し、NCAAを構成しています。

25年ぶりに監督として母校・法政大学へ

大学改革の道筋が見えてきたことで、気になってしまったのが母校のアメリカンフットボール部です。法政大学第二高等学校、法政大学と人生でもっとも多感な時期に7年間も過ごした場所です。僕を育ててくれた「自由と進歩」の学舎に、愛着がないわけがありません。

紆余曲折があり、僕は2016年に、法政大学アメリカンフットボール部の監督を引き受けることになりました（その経緯は本書の趣意と異なるので割愛させていただきます）。ここでは25年ぶりに訪れた母校のグラウンドで実感した「日本の伸び代」について記載したいと思います。

監督就任後、真っ先に取り組んだのが法政大学を知るための勉強です。公式ホームページや広報誌をくまなく読み込む中で、もっとも驚かされた発見は財務諸表にありました。

そうした資料に目を通していくと、「少子化と補助金の削減により増収は見込めない」といった元気のない記述に気づきます。しかし、驚きの発見はそこではありません。その隣に燦然と輝く数字を見つけたのです。それは約2000億円と記載された「純資産」です潤沢な「純資産」は経営者なら誰もが憧れる「お宝」。それが2000億円ともなれば、垂涎ものの組織です。

法政大学の運動施設が集まっているのは、近年都市開発が進み、洗練された人気の街へと変貌した神奈川県川崎市の武蔵小杉です。その「法政大学川崎総合グラウンド」（図表4−2）には、陸上競技場、野球場、サッカー場、ホッケー場、プール、体育館、さらにはウエイトトレーニング室などが備わっているのです。

僕の想像は膨らみます。この施設と運動部を有効活用していけば、物凄いスクールブランディングができるのではないだろうか。

企業と学校、そして地域がスクラムを組んで、学校スポーツをアクティベートする。つまりスポーツを媒介にして、大学そのものの魅力を発信していけば、志願者や入学者を飛躍的に増やせるのではないか。

法政大学の学風は「自由と進歩」です。慶應義塾大学の「独立自尊」にもまるで引けをとら

図表**4–2**　法政大学川崎総合グラウンド

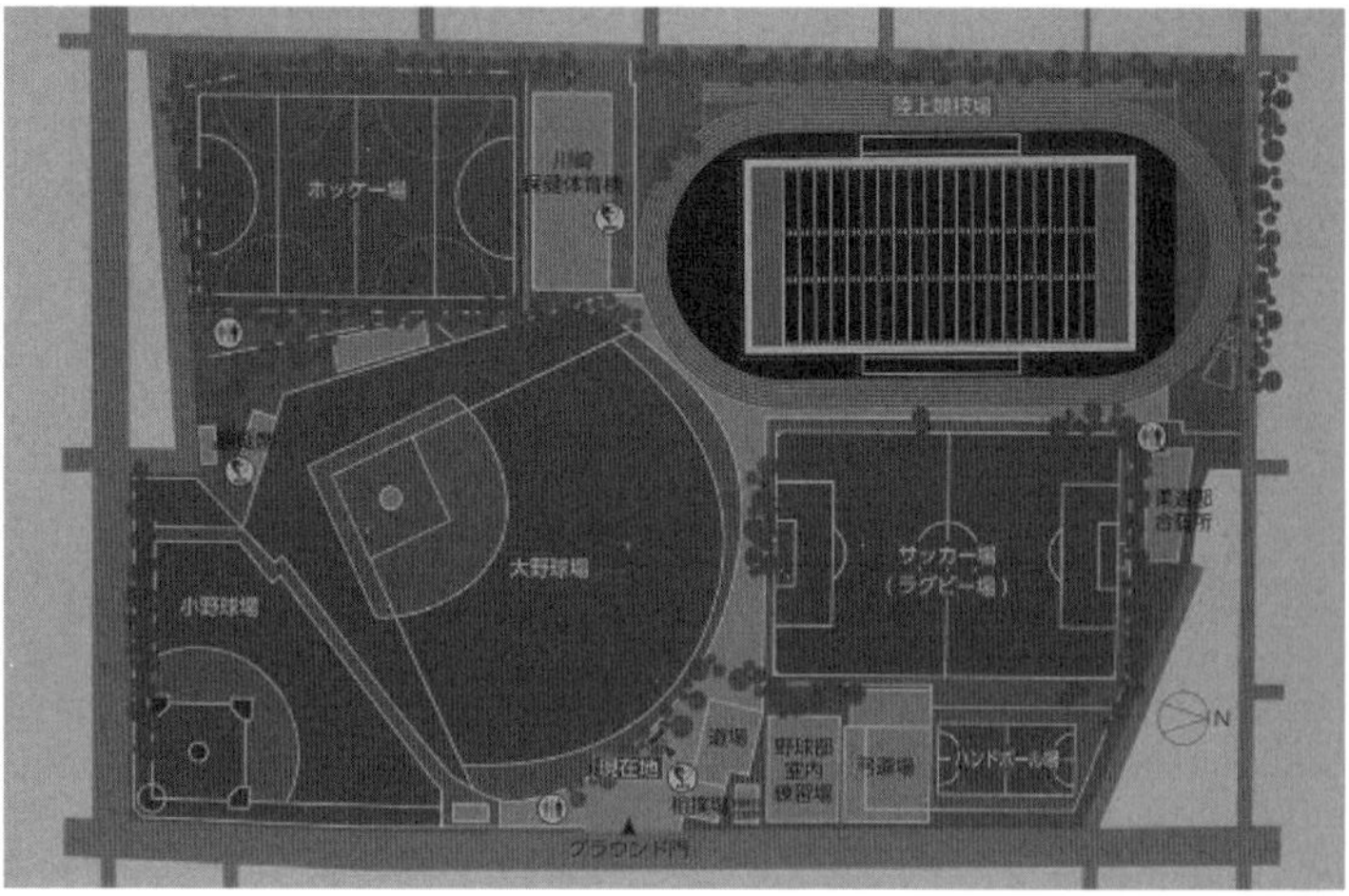

ない堂々たる学風、それをスポーツを通じて発信したい！　そのように感じました。

その上で、アメリカのようにスポーツで収益を上げ、ブランディングやアカデミックな部門にも再投資して、世界中から優秀な教員を招き、最先端の研究室を立ち上げる。そうすれば、10年後の法政大学は私学のトップに君臨しているのではないか――。そんな思いが広がってしまいました。

もちろん、日本には法政大学以上のスケールを持った大学もたくさんあります。

筑波大学の純資産は約３０００億円ですし、最高学府である東京大学の純資産は、なんと約１兆１０００億円と言われています。

実際、日本の大学は〝可能性の宝庫〟です。「まだ誰も手をつけていない、豊富な埋蔵量を誇る油田」とでも言うべきでしょうか。この油田を採掘していけば、どうなるのでしょうか。

日本には、旧帝国大学系の国立大学や都市圏にある私学、全国各地の国公立大学など、たくさんの名門大学があります。それぞれ、地域の一等地に巨大なキャンパスを保有しています。これらの大学が一斉に、アメリカの大学がしてきたようなスポーツ改革をしたら、どのくらい大きなエネルギーになるでしょう。

僕が大学スポーツの改革や、さらに言えば大学自体の改革に力を注いでいるのは、巨大な油田をこれから掘り起こしていくような〝ワクワク感〟に魅せられているからです。

「スポーツという学問」の価値を最大化し、フル活用する

こうした大学が持っているのはハードウェアだけではありません。ソフトウェアもあるのです。

近年増えてきたのが「スポーツ科学部」などスポーツと名のつく学部です。そこではスポーツ全般が学問の対象となりますし、指導者やトレーナーの養成など実践的な人材開発の場にもなっています。

日本の大学にはスポーツのハードウェアだけでなくソフトウェアも、すなわち「機能」もあ

るのです。

現在は任意団体であり、課外活動という位置づけの体育会との連携は不十分ですが、これらの施設や機能を有機的に組み合わせていけば、いったい何が起こるでしょうか。

国立スポーツ科学センター（ＪＩＳＳ）や、プロスポーツチームの数々よりも、よっぽどすごいポテンシャルを秘めていると感じざるを得ません。

監督就任から早々に、勝ち負け云々よりもはるかに大きな可能性に気づきました。しかも、資産を眠らせているのは大学だけではありません。全国津々浦々の小学校、中学校、高校といった学校のほとんどは、グラウンド、体育館、プールといった設備を持っています。

全国に広がるこうした有形資産に、優秀な学生、競技者と研究者という人材を掛け合わせる。成長できる余地は、それこそ莫大です。

日本版ＮＣＡＡの設立をめざせ

大学スポーツの改革をめざし、ＮＣＡＡをモデルにした統括組織「ＵＮＩＶＡＳ」が２２２の加盟大学、34の加盟競技団体をもって、２０１９年3月に設立されました。

僕はこの前身となる設置委員会の、あるワーキンググループの副座長として参加していました。もっと言えば、そもそも日本版ＮＣＡＡの設立を政府に働きかけたり、ＮＣＡＡの会長を日本に招待したり、スポーツ庁のメンバーのＮＣＡＡ総会視察をセッティングしたりと、多くの労力をかけてこの活動を裏から支えてきました。

でも、実際のワーキンググループには、申し訳ないのですが第2回以降は参加しませんでした。

それは主導するスポーツ庁も、参加表明していた各大学も、組織づくりの受け皿となるワーキンググループのメンバーも、日本版ＮＣＡＡと言いながらほとんどが実際の仕組みを十分に理解していなかったからです。さらになにやら別な力学が働き、本場のＮＣＡＡとはまるで違うモノができ上がっていく流れがありました。力不足で、僕はその流れに抗うことができなかったのです。

アメリカの教育環境を徹底的に調査し、筑波大学のアスレチックデパートメント設置のため客員教授に就任し、母校の部活に監督として参加してきました。経営者である僕ですが、教育の仕事に思いをはせる理由は1つだけです。それは「アメリカの大学に負けたくない」というものです。

学べば学ぶだけ、その合理的仕組みが理解できました。一刻も早く「戦闘態勢」を整えないと、日本の大学のレベルは相対的に落ちてしまうでしょう。日々、青春のすべてをぶつけている学生たちの環境をより良くしたい。その気持ちだけが僕のモチベーションでした。

実際、いくつかの指標において、日本の大学の世界ランクは下降線の一途を辿っています。しかし僕のそんな「暑苦しい思い」とはまるで関係なく、日本版NCAAはまったく違う方向に旅立ってしまいました。

UNIVASが抱える課題

NCAAは、大学のトップ（学長や総長）が参加するメンバーシップによって成り立っています。組織が機能するには、以下2つの必要条件があります。

①大学が運動部を課外活動ではなく学校の正規のプログラムにする
②トップである学長や総長がNCAAのメンバーとして参画する

UNIVASは、この必要条件を満たしていません。ですので、似て非なるものです。

同時に、UNIVAS理事はメンバーの投票のような民主的なプロセスによって選任されるわけではないので、権力構造がつくりやすくなります。そもそも、何をするのか、そのためにどんな能力が必要かなどの具体論も謎です。

UNIVASに関する説明を読むと、競技横断的大学対抗戦の開催、競技映像のインターネット配信、ビッグデータを活用したサービスが「事業」として挙げられています。

ですが、前述のとおり部活は任意団体で、すなわち部費を払って参加している人の所有物です。競技映像やデータは肖像権・財産権の一部であり、それを使用する権利はUNIVASにも大学にもありません。UNIVASや大学が勝手にビジネスをしていいわけがないのです。

初年度の収入の目標は20億円とのことですが、この収益は誰が上げて、どのように分配されるのか、配分される先は大学なのか任意団体である部活なのか、納税は誰がどの立場で行うのかなどなど、問題は山積しています。部活を正課とするという「ボタンの1つ目」をかけ直さない限り、どんな活動をしようとも問題はどんどん上に積まれていってしまうだけです。

文句を言いたいのではなく、「日本版NCAAをめざすというボタンの1つ目に手をつけるチャンスを逃してはならない」という、あ、あれ、文句?

日本版ＮＣＡＡ設立へのロードマップ

日本にアメリカと同様のＵＮＩＶＡＳができたら、何がどのように変わるのか。以下で、そのシミュレーションをご紹介しましょう。

筑波大学アスレチックデパートメントの活動が徐々に世の中に知れ渡ってきました。筑波大学と同じくＵＮＩＶＡＳに参加していない慶應義塾大学や同志社大学、関西学院大学、京都大学とともに「新・日本版ＮＣＡＡ研究会」が結成されます。第1回会合は、筑波大学・永田学長が座長、当然ながらすべての大学のトップが顔をそろえます。

この5大学がメインメンバーとなり、ＮＣＡＡ本体の協力を得て、大学スポーツを健全化し、アクティベートする組織「ＮＣＡＡジャパン」が設立されます。ＮＣＡＡからも運営スタッフが派遣されるなど全面的な協力体制も得られました。ＮＣＡＡよりすべてのノウハウが惜しみなく提供されることで、組織設計と運営はスムーズに進みます。

また、ＮＣＡＡ本体のメンバー資格も有するので、ただ話を聞くだけでなく、5人の学長はアメリカの学長と同様に1票の投票権を持ち、ＮＣＡＡ本体の運営にも参画します。

転校、編入などの仕組みもＮＣＡＡとルールを共有し、日米の学生が交換留学できるチャンスをつくります。

アメリカの大学にチャレンジしたい日本の学生アスリート、日本に成長の場を求めるアメリカの学生アスリート。相互に具体的な交流が活発化し、補完関係ができはじめます。

やがてＮＣＡＡジャパンに加盟する５大学にアスレチックデパートメントが設立され、そこに所属する10の部活動は、大学の正課となります。

この５つの大学でリーグを組み、試合を行います。奨学生の数や練習時間、参加資格の成績基準など、すべてはＮＣＡＡと同様のルールで行いますので、同じ条件による平等な競技環境が整います。

すべての試合はホームアンドアウェー形式で行われ、興行収入のすべてはホームの大学が得ることになります。

大学内で試合が行われるため、多くの学生たちが試合に訪れます。チケット収入だけでなく、飲食代も放映権料もすべてホームの大学が管理するので、「たくさん集客する」「ＸＸテレビと交渉する」あるいは「スポンサー営業をして、競技場のネーミングライツを販売する」などの施策を打つモチベーションがあがり、アイデアがどんどん出てきます。

今まで自分の大学のスポーツに興味のなかった学生や先生たちも、放課後にふらっと立ち寄れることもあって、気軽に試合に足を運びます。そこでは、母校の看板を背負って戦う学友や教え子が躍動しています。

母校愛に火がつき、いつの間にかスタジアムやアリーナはスクールカラーで覆われ、熱狂空間と化していきます。熱狂空間のチケットはいつも完売。OGの有名アーティストがハーフタイムショーに華を添えます。競技場内は立て看板であふれて広告収入もうなぎのぼり、大学の人気ランキングもぐんぐん上昇します。

スポーツが「大学の人気」に火をつける

練習時間を制限して学業を優先する取り組みや、「シーズン制スポーツ」を採用していることが話題になり、文武両道の優秀な高校生がこの5校に注目しはじめます。そして高校スポーツのヒーローたちがインタビューでこう答えます。

「僕は、プロ野球選手をめざしながら、陸上競技でオリンピックに出場したいと思っています。そして在学中に弁護士の資格も取得したいです。なので僕は筑波大学に進学します」

「私は、日本のNCAA加盟大学に入って、まずは英語を学びたい。そしてゆくゆくは得意なソフトボールで奨学金をもらってアメリカの大学に留学したい」

そんな環境に憧れを持つ全国の優秀な高校生たちが、NCAAジャパンの加盟大学に興味を持ちはじめます。のみならず、大学スポーツがないアジアの優秀な高校生たちも興味を持ちはじめ、アジアの中で存在感が増してきます。

コンプライアンスや事故防止などの安全対策も「NCAAの規程に準ずる」とされ、事件、事故が起こった場合、NCAAの設置するコンプライアンス委員会や安全対策委員会の指示に従った対策を講じます。

120年以上の歴史を持つNCAAで起きた過去の事例に従うことで、連帯責任や引責辞任といった、時代錯誤の不要なリスクを回避します。それによって優秀な指導者もNCAAジャパン加盟大学に集まり始めます。

やがては世界中から文武両道の優秀な学生が集まり始め、スター選手の入学に学内のざわざわが止まりません。

豊富な純資産を持つ大学はこの流れを逃すまいと、施設整備に投資を始めます。1万人収容のアリーナに90億円を投資します。ホームゲームに加えてコンサートなどの興行を招致し、稼働日は年間100日にのぼります。合計80万人の集客、1人あたりの売上単価3000円。年間24億円の収益が生まれます。

野球場の改修には20億円を投資します。野球場を人工芝に張り替え、1万人のスタンドを設置します。ホームゲームでの興行が年間30試合で、20万人の集客が得られます。同じく1人あたりの単価3000円として収入は6億円。

いずれも5年以内に投資回収ができ、施設は「ドル箱」となります。

最新のカッコいいスポーツ施設は中高生の憧れとなり、大学の人気はどんどん上がっていきます。大学はNCAAのコネクションを使って、世界中の優秀なスポーツ指導者や有名な教授たちをどんどん招聘。教育環境がキラキラと改善していきます。

NCAAの協力を得て、日本の大学スポーツが「ボタンの1つ目」をかけ直すことで、大学スポーツ改革が結実します。

日本の教育環境が著しく改善され、UNIVASは2030年にNCAAジャパンに統合されます。日本の大学は世界基準の優秀な人材をどんどん輩出する機関となっていき、優秀な若者たちが旧態依然の日本の組織を大きく進化させ、日本は「スポーツ立国」となっていきます。

夢物語に見えるでしょうか。僕はそうは思いません。「ボタンの1つ目」さえかけ直せば、十分に実現可能なシナリオだと思います。

これで、僕の息子をわざわざ留学させる必要もなくなります。

「富国強兵のための体育」から脱却せよ

最後にもう一度、ボタンのかけ違いの原因、この問題の本質を考えてみたいと思います。

今の日本スポーツ界全体の根本的な課題はどこにあるのか。僕は、明治維新以降の「富国強兵」を目的とした「体育教育」から、基本的な哲学が変わっていないところにあると感じています。教育は人間の根っこをつくるので、重大な課題です。

旧軍隊式の発想ですが、僕が大学生の時代はアメリカンフットボールの練習中に水も飲めませんでした。当時は当たり前のことでしたが、今考えるとその理由は監督にもわかっていなかったはずです。「欲しがりません勝つまでは」ということでしょうか。本当に勝ちたいのであれば、合理的であるべきです。

僕を含む僕たち世代の多くにはぼんやりと旧軍隊式のイメージが残っており、それがその時々において思考を停止させてしまいます。

「軍神」なるものをつくったカルチャーも同様です。何かを神格化して、崇めたがります。そうなると思考は停止し、他の価値観を徹底的に排除しようとする力学が働きます。

「野球の神さま」「ラグビーの聖地」といった根拠のない神格化は、教育という本来はカリキュラム化されるべき事柄を、指導者に都合よく「私物化」させる温床になりかねません。

「伝統」なるものが合理性を排除し、本来なら大学スポーツの収益源であるべきホームアンドアウェーの試合形式という思考を妨げてしまいます。

「富国強兵」臭が残っている現在の体育教育は、「幼少期から体操クラブで活躍してきたアスリート学童」と「指先に魂が宿ったピアニスト学童」とを同じ場所に集めて、「跳び箱」や「マット運動」、あるいは「組体操」をさせるという、悪平等で時代錯誤のプログラムと言えます。

そもそも「跳び箱」って、いったい何のためにやるのでしょう?

「富国強兵」政策の見据えていた体育教育の目的は、当時の農民中心の人口構成にあって、全学童の運動能力を一斉に引き上げるところにありました。全員同じように、立派な兵隊さんになれるよう開発されたプログラムです。

日本の教育カリキュラムはなぜ進化しないのでしょうか。

多様性が重んじられる現代において、子どもを40人も集めて同じことをさせる今の体育は、できる子どもにとってもできない子どもにとっても拷問でしかありません。時代に応じて進化させるのは必然だと思います。

以上、僕なりに勇気を振り絞って、日本の教育環境に一石を投じてみました。

日本最強の資産は「日本の若者たち」だ

「今の若い奴らは根性がない」

法政大学アメリカンフットボール部の監督に就任してから、簡単にそんなことを言う人を見ると、心から軽蔑するようになりました。

若くてキラキラした選手たち。辛いことにも力を抜かずに全力で立ち向かう今の学生たち。怖い先輩の目を盗んでは手を抜いていた僕らの時代とはまったく違う、ひたむきな若者たちの姿がそこにはありました。

「僕の学生時代より、はるかに根性がある」というのが、僕の実感です。今の若者は、決して根性なしではありません。

たしかに今の若者は、無意味なことに力を注ぐことはきわめて不得意かもしれません。でも、ひとたびその意味を理解し、自己の成長を感じられる取り組みだとわかったら、物凄いパワーを発揮します。

実際今の学生は、持ち上げるウエイトの重さも、足の速さも、体重も、すべてが僕らの時代の比ではないくらいの高いレベルです。根性を入れて努力しないと、絶対に届かない数値です。

そんな若者たちへ、アメリカのような環境を、とても追いつけないくらいの差がついてしまって悔しいけれど、少しでも近い環境を与えてあげるのは、僕たち大人の役割です。僕はそう信じています。

NCAAのエマート会長のこんな言葉が蘇ってきます。

「学生時代は人生で最良のときだ。学問はもちろん、仲間と馬鹿騒ぎしたり、スポーツに打ち込んだり、恋愛をしたり。私はそんな学生たちの体験を最高のものにしてあげたい」

少年のように僕に語りかけるキラキラした眼差しは、若者たちを純粋に愛する教育者そのものでした。

スポーツこそ教育そのもの。

同時に、スポーツが家計の負担を減らし、教育環境をよりよくできるツールであることは間違いありません。

第5章

「女性スポーツ改革」がダイバーシティ社会を切り拓く

Other than women's suffrage,
possibly no other piece of legislation has had
a greater effect on women's lives than TitleIX.

Nancy Hogshead-Makar

参政権を除けば、
「タイトルIX」ほど女性の人生に
大きな影響を与えた法律はない。

ナンシー・ホグスヘッド
（ロサンゼルスオリンピック競泳女子3冠・弁護士）

「男らしい」というカッコ悪い言葉

「Man up!」（男らしく！）

アメリカのスポーツシーンで、ひと昔前にコーチからよく聞かれた言葉です。でも今、特に学校スポーツという教育の場においては、もうほとんど聞かれることはありません。仮に興奮してつい発してしまったら、そのコーチは「Oh, excuse language.（すみません、不適切な発言でした）」と謝罪訂正せねばならないでしょう。

アメリカにおける「女性スポーツ改革」は、こうした「男らしくあれ！」といういかにも「アメリカっぽい言葉」、特にスポーツ指導の現場では「めっちゃ便利な言葉」ですら、死語にしてしまうほどの影響力を与えてきました。それは当然、社会そのものの進化と成熟につながっています。

僕自身、たいへん幸運なことに、仕事として「女性向け商品を販売する」という活動があります。その過程で意図せずして海外で女性スポーツが果たしてきた役割を知り、世界各地で男女のみならず、さまざまな性を持つ人々の真の姿に触れ、多くの学びを得られています。

しみじみと、しかしながら力強く感じる社会の進化と成熟。それをつくっている個人個人に思いをはせ、つどつど出くわす感動的とも言えるストーリーの連続に、「ああ、俺は、今までなんて浅はかで愚かだったんだろう」という気づきを得ることができました。もしかしたら僕の人生において、最大の気づきだったとも思えます。

昭和44年生まれの僕は、幼少期にはツッパリブーム、思春期は「スクール☆ウォーズ」と「おニャン子クラブ」で育ちました。

「ツッパることは男のたった1つの勲章」

「お前らそれでも男か！　悔しくないのか！」

そんな力強い言葉に鼓舞され、「セーラー服を脱がさないで」のキャピキャピした歌声に癒されていました。いずれも主語は「男」です。そして男性の優位性が想起されます。

「男らしく生きる」

昭和という混沌とした時代、不安定な思春期において、何度も自分を救ってくれた言葉です。でも今は、その言葉ときっぱりと決別しました。もはやカッコ悪いとさえ感じます。「男らしく」とどこかで聞けば、「そんな言葉でしかモチベーションを上げられないのか」と、苛立ちすら覚えてしまいます。

「男らしく」から解放された今の自分のほうが、理性と公正さにあふれ、より力強くあれると実感します。

社会を変えた「女性スポーツ改革」

アメリカにおいて「Man up!」（男らしく！）という言葉を「退場させた」1つの要因となったのが、この章で紹介する「女性スポーツ改革」です。女性スポーツ改革は、女性はもちろん男性にも勇気と知性を与え、社会を力強く前進させています。

本書では、第3章「リーグ・団体の改革」、第4章「学校スポーツの改革」、そして第5章「学校における女性スポーツの改革」という流れで章を区切っています。規模的には「大→中→小」という順番になりますが、実際にはこの「女性スポーツ改革」が、1周回って社会全体の進化を生んでいると思います。

欧米のスポーツシーンには、民主的なエネルギーが法律となり、法律が機能して社会的課題を解決するというダイナミズムがあります。そしてそんなダイナミズムが、新しい経済をも創造しています。より具体的に落とし込むと、以下のとおりです。

・スポーツへの熱狂
・熱狂から生じる規模拡大、規模拡大から生じる課題
・ボトムアップという民主的な解決プロセス
・法整備や組織構造改革という課題の根本解決
・健全な成長

女性スポーツ改革も、これと軌を一にしています。

1972年、アメリカにおいて教育改正法第9編、通称タイトルIX《ナイン》と呼ばれる画期的な法律が制定されました。この年、アメリカの大学アスリートは男性17万人に対して、女性は3万人でした。

アメリカ社会を大きく変えた「タイトルIX」という法律は「公的な教育機関における、性別による差別を禁止する」というものです。のちに詳述しますが、この法律は実質的に「学校ス

ポーツにおける女性参加率を向上させた法律」としてアメリカでは広く一般に知られています。結果として、現在のアメリカの大学アスリートは男子が約26万人、女子が約21万人。男女比率は54：46にまで改善しました。アメリカの経済誌「フォーチュン500」によれば「アメリカで活躍する女性CEO」の80％以上が、元学生アスリートという経歴の持ち主でした。

日本に立ちはだかる「バカの壁」問題

日本にも「タイトルⅨ」のような法律が必要ではないか。ある日僕は、当時某大臣の職に就かれていた国会議員の先生にそう提案しました。先生の次の言葉が忘れられません。

「それは君、日本ではまだ時期尚早だよ」

僕は耳を疑うと同時に、たいへん失礼ながら、15年ほど前のベストセラー『バカの壁』を思い出していました。

タイトルⅨという法律は、教育関係者や女性アスリートの多くが口々に「タイトルⅨのおかげで……」「タイトルⅨのような法律が……」と語る、アメリカではとてもポピュラーな法律です。そんな法律を全否定です。しかも全日本人を代表して「日本では時期尚早だよ」と決めつけられてしまいました。

男女共同参画が大きな課題の安倍政権。おまけに東京オリンピック・パラリンピックまで控えています。僕としてはこのタイトルⅨという法律を「大臣、とっておきのネタをご用意しましたよ！」という、最高のマグロでも仕入れた寿司屋の気分で説明しました。

この法律自体が誰かの権益を害するでもなく、僕ら一般企業が直接恩恵を受けるでもなく、つまりデメリットも障害もないメリットばかりの政策です。やらない理由は僕にはまったくイメージできませんでした。

でも、僕の目の前に現れたものは、そそり立つ高い「壁」でした。

実は、このタイトルⅨについては、この方ばかりではなく、閣僚経験のある女性議員を含めて10人以上の「大物政治家先生たち」に説明しました。アメリカではとても一般的な法律でも、日本の先生たちは誰１人、その法律を知りませんでした。

そして反応もほぼ全員同じ。彼ら彼女らの頭蓋骨を、僕の言葉が貫通することはありませんでした。

「なるほどね、アメリカらしい法律だよね」

「うん、ＸＸ先生がその担当だからそっちに行ってみなよ」

そんな感じで「分厚い壁」に阻まれます。

「こんなにも素晴らしい法律、日本で導入しない手はない」と、1人盛り上がっていた自分の中の「バカの壁」を実感できたのが唯一の収穫でした。それほど単純な力学で世の中は動いていないことを学びました。

アメリカの女性を奮い立たせた「タイトルⅨ」という法律

さて、ようやく本題です。

日本において、女性の社会参画がなかなか進まない現状を打破する決定打。それはアメリカで1972年6月に可決された教育改正法第9編、通称「タイトルⅨ」と呼ばれる法律だと、僕は今でもそう確信しています。

この法律により、女性の社会参画のみならず、ダイバーシティが生み出す強力なエネルギーを社会が認識します。つまり、男性社会という閉鎖的な仕組みが、いかに社会の「すくすくした成長」を阻害しているか、その理解が進み、社会がダイナミックに進化をとげていくのです。

まず、タイトルⅨはこう規定しています。

「公的な教育機関における、性別による差別を禁止する」

タイトルⅨを遵守しない公的な教育機関――私立も公立も含めて――は、連邦政府からの補助金を打ち切られるなどのペナルティを科せられます。

具体的には、学生総数に対する男女比率と、アスレチックプログラムに参加する学生アスリートは同じ比率でなくてはなりません。

つまり、たとえば男子学生6000人、女子学生4000人の大学であれば、アスレチックプログラムに参加する学生アスリートの比率は6対4となります。男子のみのプログラムを持つ学校は、女子のみのチームをつくったり、女子のメンバーを増やすなどの努力が必要です。

割り振られる予算の配分も男女均等、優秀な学生アスリートに与えられる奨学金（スカラシップ）も、男女間で同じ比率でなくてはなりません。

施設に差があってもいけません。強豪・男子バスケットボール部は広々とした部室にシャワー、ソファー、冷暖房完備なのに、弱小・女子バスケットボール部は狭い部屋にロッカーとパイプ椅子だけ……というわけにはいきません。

図表5-1　タイトルIX導入後の女性スポーツの変化

「タイトルIXの最大の成果は、大勢の女子がスポーツに参加するようになったことだ」

デボラL.ブレイク（ピッツバーグ大学、法律学教授）

NCAA競技スポーツ参加者推移（人数）

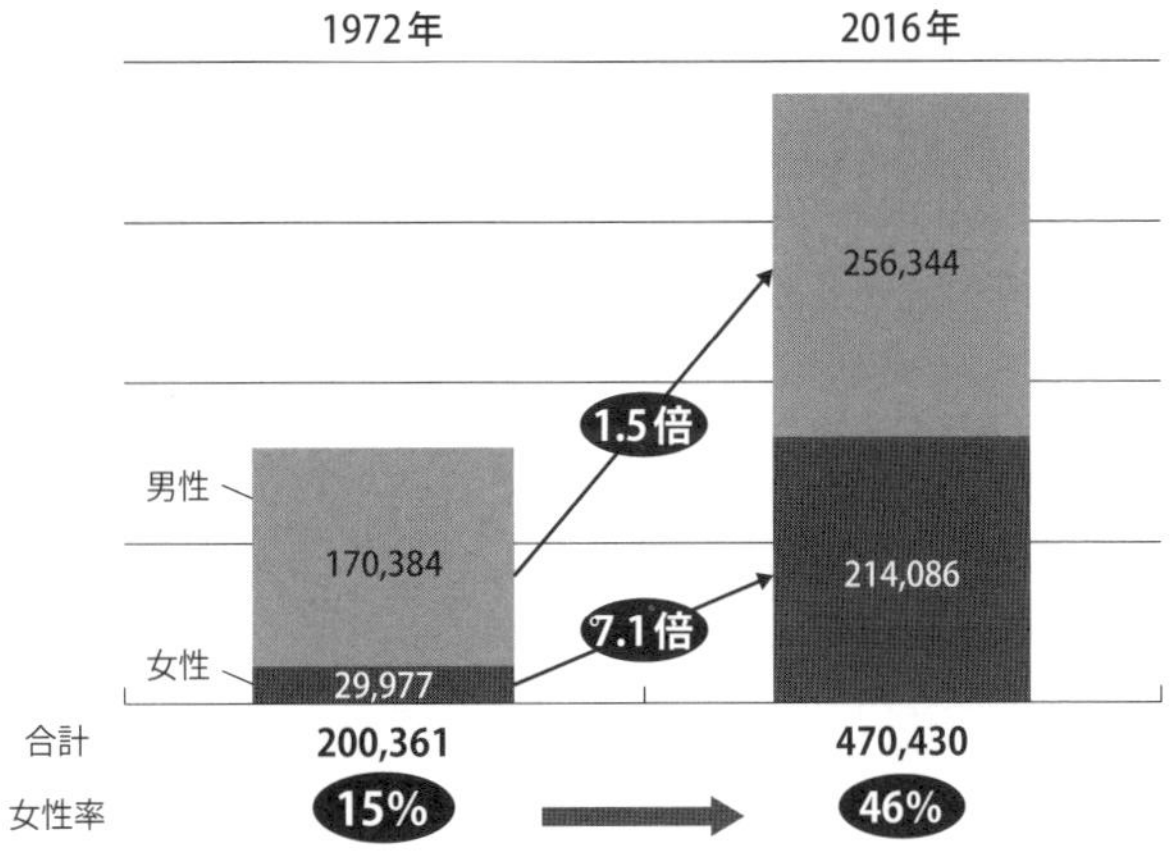

NCAAディビジョン1加盟校の平均スポーツ支出（百万ドル）

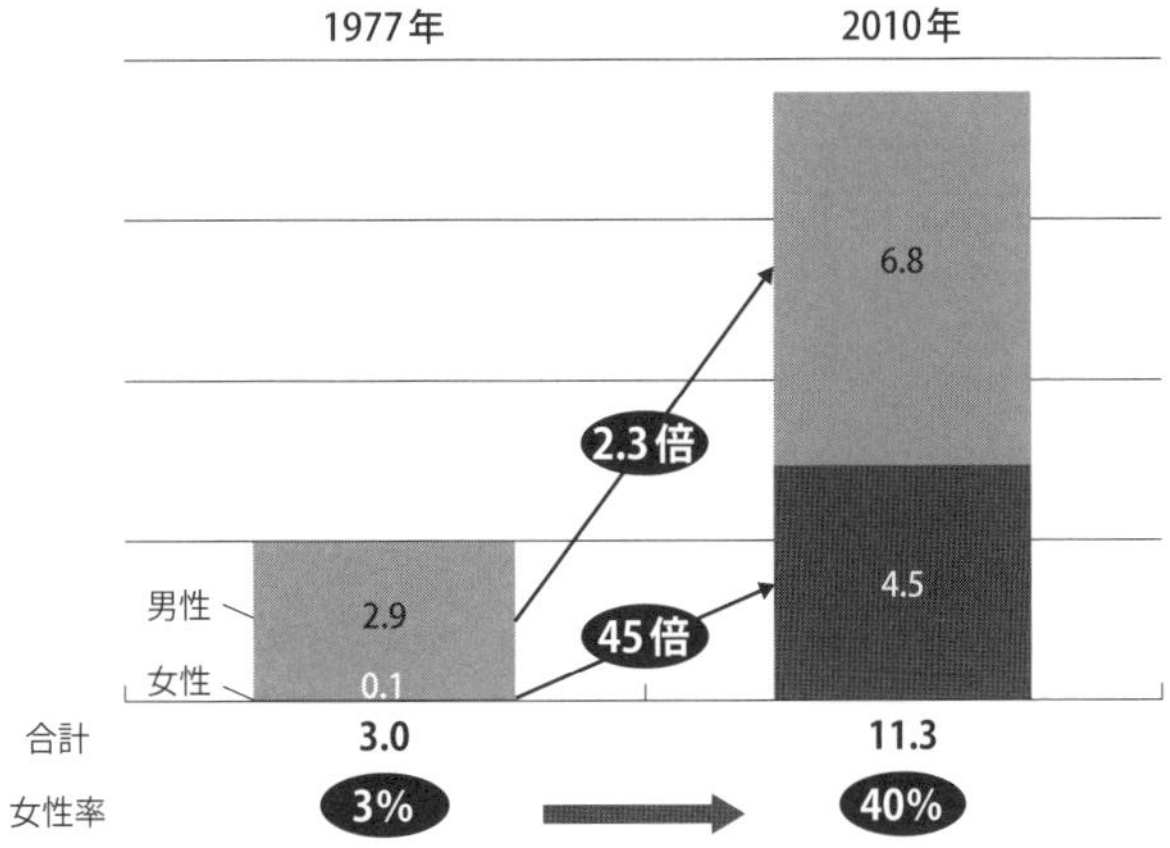

僕の母校、法政大学には、アメリカンフットボール部や硬式野球部、ラグビー部など100人前後の男子部員がいる部活があります。これらと同じだけの女子学生に運動系の部活をさせようと思うと、かなりの努力が必要なことは想像に難くありません。

タイトルIX制定後の40年間で、全米の大学の女性アスリートは3万人から21万人へと約7倍に増えています。同じ期間に、大学が女性スポーツに支出した金額は45倍も増えました（図表5―1）。

前述したとおり、「フォーチュン500」に登場した女性経営者は、その8割以上が学生アスリートだったというデータがあります。「スポーツの教育的な価値」、すなわち協調性やリーダーシップ、戦略的な思考の習得に男女差はありません。

本格的にスポーツ活動に取り組んだ学生時代の経験が、社会での活躍につながっている。そんな相関関係が、アメリカではタイトルIXの具体的な効能として認識されています。

データから見る女性スポーツの現状と伸び代

少しデータを見て、概況を見てみましょう。

２０１７年、僕が客員教授を務める筑波大学の体育会に所属する１８８４人の学生アスリートのうち、女子学生アスリートは５３０人（28・1%）です。体育専門学部がある筑波大学の女性の部活動参加率は、日本ではきわめて高いと言えると思います（現状、部活動は任意団体ゆえ大学全体として把握しているデータはありません）。

一方、アメリカの大学全体におけるスカラシップ予算のうち、女子学生アスリートに割り当てられている割合は１９７２年にはゼロでしたが、２０１２年にはほぼ半分の48%にまで増加しています。

国際労働機関（ＩＬＯ）によると、女性管理職の割合はアメリカが39%に対して、日本は12%。残念ながら、日本はＧ７内で最下位です。

国会議員の女性比率においても日本は約10%で、世界第１６０位前後。閣僚級ポストの女性比率にいたっては、日本は5%程度で、世界で第１７０位前後をさまよっています。

この状況は、「男女共同参画」をめざしている国としてはあまりにもカッコ悪いです。閣僚は首相の指名人事ですので、その気さえあれば、政権のトップから女性参画社会に変えることは可能です。

図表5-2　国別女性トレーニング・フィットネス市場規模

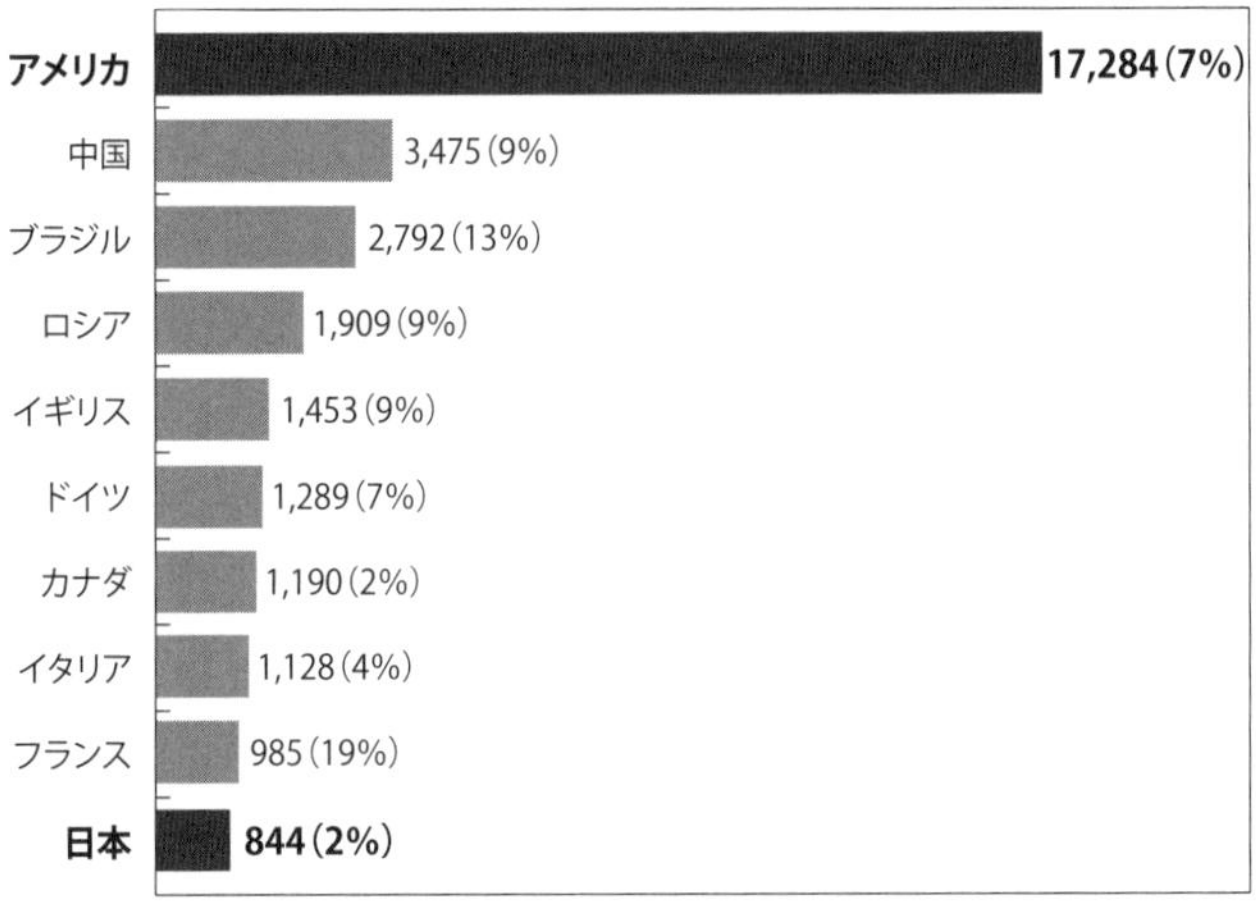

単位：億円（1US$＝110円）、（　）内は2013年からの成長率
出所：©2016 The NPD, Inc. All Right Reserved

そんな時代錯誤の状態は、経済にも大きく影響します。

「女性トレーニング・フィットネス市場」の規模を日米で比べると、アメリカの1兆7284億円に対して、日本は844億円と、およそ20分の1の規模にとどまります（図表5-2）。人口は日本がアメリカのおよそ3分の1ですから、その分を補正しても、市場規模は7分の1しかないわけです。

ここまでの記述でおわかりいただけるとおり、この分野のマーケットはアメリカでは学校レベルから着実に拡大し続けていますので、このままでは差が開いていく一方でしょう。

教育環境の改善による女性のスポーツ参加率の上昇。それが女性の社会への参画率上昇に影響し、そして政治や経済という社会そのものの構造を変えています。

女性スポーツ改革と国の強さ。両者は、切っても切り離せない関係にあるのです。

現代女性のロールモデル、「キング夫人」という偉人

近年、多くの女性が「女性自身も自立しないと」と奮い立っているように感じています。

僕も一応男性ですので、いくらがんばっても女性の気持ちは代弁できません。ただ、自立するにはそれを可能にする環境も重要なはずで、その課題を見ることはできます。

たとえば、子どものころに読むであろう本に「伝記」があります。男性のロールモデルとなるような伝記はたくさんありますし、僕もたくさん読みました。野口英世、本田宗一郎、宮本武蔵、ベートーベン、エジソン、ベーブ・ルース、ガンジー、ライト兄弟などなど。覚えているものだけでも、まだまだあります。

男性偉人は国籍も多様だし、医者や経営者、芸術家からスポーツ選手と、誰かしらのロールモデルになりうるようなバリエーションに富んでいます。

一方、僕の記憶では、女性偉人はヘレン・ケラー、ナイチンゲール、キュリー夫人くらいで、

それ以外はなかなか出会う機会も少なかったように思います。。

僕は、ぜひ「ビリー・ジーン・キング」という女性がこうした偉人伝の仲間に入り、幼少期の少年少女たちに大きな影響を与えるようになってほしいと思っています。

「キング夫人」という名を聞いてピンと来る人は、僕より少し上の年代の方でしょうか。今から40年ほど前、世界は空前のテニスブームでした。そのブームをつくった中心に、このキング夫人こと、ビリー・ジーン・キングがいました。

彼女の現役時代は、正直あまり知りません。ただ、スポーツビジネスに携わるようになり、そして最近「バトル・オブ・ザ・セクシーズ」(Battle of the Sexes) という映画を観て、彼女の偉大さに圧倒されるようになりました。

この映画のタイトルにもなった「バトル・オブ・ザ・セクシーズ」と呼ばれた試合で、現役女子王者のビリー・ジーン・キングは、元男子世界王者のボビー・リッグスと対戦します。

前述したとおり、タイトルⅨという法律は高等教育機関におけるあらゆる性差別を禁ずるものであり、スポーツに限定されたものではありませんでした。しかし、男子の往年の名選手と現役女子王者の対戦という「異種格闘技戦」のようなこの試合がきっかけとなって、事実上、学校における女性スポーツ促進を示す法律になってしまったそうです。

彼女の歩んできた道のり、その功績をどう表したらいいのか、自分の表現力の乏しさがもどかしくて仕方ありません。より詳しい方にお叱りを受ける覚悟で、僕なりに列記してみます。

・通算優勝回数129回
・4大大会通算優勝39回
・賞金の男女格差に抗議し全米テニス協会を脱退。女子プロテニス協会（WTA）という組織をつくる→現在のプロテニスの賞金が男女でほぼ同額という、他の競技に類を見ない平等性の基礎となった
・バトル・オブ・ザ・セクシーズと呼ばれた世紀の大イベントを成功させる→世界中に衛星生中継がされるほど注目を集め、女性スポーツの地位が飛躍的に向上。タイトルⅨが事実上スポーツ関連の法律になるほどの影響を与えた
・男女差別と戦うのみならず、1981年に世界的有名人として同性愛を告白。LGBTQ運動の先駆けとなる→女性ならびに同性愛運動の功績に対し、アメリカの最高位の勲章である大統領自由勲章を受賞した

などなど、その実績と活動、その背景にあるエネルギーには圧倒されるしかありません。そして、映画「バトル・オブ・ザ・セクシーズ」は老若男女、誰にでも見てほしい傑作です。

とにもかくにも、他の競技はテニスという革新的なスポーツに続かなくてはなりません。

大坂なおみ選手が多くの年収を得ている理由

他人のお金の話はあまりしたくありませんが、客観的なデータとしてお話しさせてください。

2019年に女子テニスシングルスの世界ランキング第1位となった大坂なおみ選手の年収は約26億円と言われています。Jリーグの日本人最高年俸が約1・5億円と言われていますから、その金額がいかにすごいかが理解できると思います。もっと言えば中日ドラゴンズ球団が払っている年俸は、全員を合計しても約23億円にとどまります。

ただ、そんな大坂選手も、世界の女性アスリート年収ランキングでは第2位とされていて、第1位のセリーナ・ウィリアムズにはまだ5億円ほど届かないそうです。

下世話な話がしたいのではなく、この世界の女性アスリート年収ランキングのトップ10をテニス選手だけで独占しているというのがポイントです。しかもスポンサー収入を除く競技で稼いだ賞金に限れば、大坂選手の10億円近くに対して、女子プロゴルフの賞金女王、アリヤ・ジュタヌガン選手は約3億円と、3倍以上の開きがあります。

なぜ女子テニスという競技がここまでの年収を稼げるのか。なぜ男女間の格差を是正できているのか。これがまさに「ビリー・ジーン・キング」選手の功績なわけです。

キング選手は、自身が活躍を始める1960年代から男女間の賞金格差に疑問を感じ、さまざまな発言や行動を始めます。最終的には自らが女子テニス協会を立ち上げ、新しいツアーをつくります。

選手たちをまとめ、集客のプロモーションをし、自らスポンサーを集めます。1970年代には欧米で起こっていたフェミニズム運動にも積極的に参加します。

決定打は、何度もご紹介している「バトル・オブ・ザ・セクシーズ」という世紀の一戦です。55歳とはいえボビー・リグス選手は元・世界王者です。しかもリグス選手は男性優位思考の強い人間で、そんな「男らしい男」に、29歳の1人の女性が立ち向かうという構図は、当時のフェミニズム運動とも連動し、巨大イベントになりました。

世界中で1億人近くの視聴者が熱狂する中、キング選手は見事にストレート勝ちを収めます。

キング選手の1打1打に女性アスリートの運命がかかっているような、そんな迫力に満ちた独特の試合だったと報道されています。

そしてその年、1973年から全米オープンテニスでは、賞金が男女同額になりました。以来、45年以上もの歴史を経て、今の女性アスリートランキングの結果を導きました。

ついでに言うと「バトル・オブ・ザ・セクシーズ」は3万人の集客、世界各国への衛星中継と、スポーツ興行としても大成功を収め、スポーツビジネスそのものの成長のきっかけにもなりました。

大坂なおみ選手の活躍による間接的な経済効果は数百億円規模と言われています。女性スポーツの改革は欧米社会で起動しましたが、圧倒的に遅れている日本でもこうして恩恵を受けるほど、大きな影響力を持つようになってきました。

数億円を稼ぐ女性アスリートがどんどん生まれれば、日本にもたらされるメリットは直接的な経済効果だけではありません。それに続く子どもたちが増え、競技はより活発になり、結果として経済も大きくなっていくのは間違いないはずです。

君は「千葉すず」選手を知っているか？

社会を正しく動かそうとしている女子アスリートは、実は日本にもたくさんいます。

なかでも僕の記憶に残る選手は競泳の「千葉すず」選手です。千葉選手のことは、僕もマスコミを通してしか知りません。でも、どうしてもここに書きたくなってしまうほど、とても印象的なアスリートでした。

若いころから大活躍していた千葉選手は、1996年のアトランタオリンピックで思うような結果が出ず、批判の矢面に立ってしまいます。そしてテレビの生中継インタビューで「そんなにメダルメダルって言うなら、自分が泳げばいいじゃないですか！」と発言してしまい、今で言う「大炎上」してしまいました。

僕はそんな千葉選手を見て「そりゃそうだよ」と普通に感じていました。一番悔しいのは自分だし、レース後のちょっと「意地悪」なインタビューです。冷静なはずがありません。

その後、一度引退を宣言しますが、ふたたびオリンピックをめざして現役復帰。2000年シドニーオリンピックの代表選考会となった日本選手権でオリンピックA標準記録を突破して、優勝しました。

にもかかわらず「代表に選出されない」という謎の大事件が起きたのです。千葉選手は日本人で初めてスポーツ仲裁裁判所（ＣＡＳ）に提訴するなど、日本水泳連盟という体制にひとり立ち向かいました。ちょっと年上の僕は、連盟の「意地悪」としか考えられない裁定に酷く憤ったのを思い出します。

千葉選手は、まだ高校生だった1991年の世界選手権でメダルを獲得し、翌年のバルセロナオリンピックで何種目も入賞を果たしました。高校生の若い女子アスリートを、日本中がアイドルのように扱いました。

そもそも、テレビや雑誌に出たいわけではなく、泳ぐのが得意だった少女です。アイドルはテレビに出るのが仕事なので映れば映るほどお金になりますが、アマチュアアスリートは1銭にもなりません。でも、千葉選手のフィーバーの陰で稼いでいた大人はたくさんいたはずです。問題とされたインタビューも、自分の意思に反して、誰かに無理に出演させられたのだろうと思います。頭のいい選手だと思いますので、そういう「大人の社会」をシラけて見ていたのかもしれません。スポーツ仲裁裁判所に提訴なんて、本人が一番したくなかったと思います。

若いころのキング夫人の場合、その活動を支えたのはまさに「タイトルⅨ」でした。今でも女性問題やＬＧＢＴＱという社会的な課題に積極的に取り組んでいる彼女は、インタビューでこう答えています。

「タイトルⅨという法律がすべてを変えました。法律ができると人々の心や思考がそこに合わせて変わっていきます。タイトルⅨという法律とその精神が私たちを守ってくれました」

千葉選手以来、競技団体との問題が起こるのは、女子柔道、女子レスリング、女子体操など、圧倒的に女性アスリートのほうが多い印象です。

千葉選手が提訴したのはスポーツ仲裁裁判所ですが、問題は日本水泳連盟と千葉選手との間に起こった、思いっきりドメスティックな問題です。当時、日本にもタイトルⅨのような法律があれば、まずは国内問題として、連盟の役員構成の男女比の不平等なども争点にできていたかもしれません。

僕は近い世代の1人として、数々の「意地悪」に立ち向かった千葉選手を見ていました。モヤモヤした気持ちはまったく消化できませんでした。

アメリカで1972年に施行されたタイトルⅨのような法律が日本にあれば、多くの人々の心が正しい方向に動いただろうに。今はそう悔やまれてなりません。

教育環境の男女格差、そしてそれを生み出す根っこの思考。この問題は、今でも何も解決していません。

次の世代に「より良いバトン」を渡すというモチベーション

もう1つ、千葉すず選手の残した偉業に「スイムウェアの自由化」があると僕は思っています。

当然のことですが、水泳選手はスイムウェアがほぼ唯一の道具と言ってもいい武器です。それが千葉選手の現役時には、オリンピックでは連盟のスポンサーになっているブランドを着用しなくてはならないというルールがありました。

連盟はそれでお金が入るでしょうが、選手にしてみればメダルを期待される中で、唯一の道具を自分で選ぶことができないという、なんとも耐えがたい状態を強いられていたと思います。のみならず、選手がもらうべき契約金も連盟に巻きあげられるという、封建的な制度でした。

千葉選手はアトランタオリンピックの際、過去から誰も言い出すことのできなかったスイムウェアの自由化を連盟に直談判したそうです。

当時はその訴えは却下され、千葉選手は自分の意に反するスイムウェアで大会に出場。スイムウェアとの因果関係は証明しようがありませんが、満足のいく結果を出せず、その後、前述したテレビ中継での「問題発言」につながりました。

当然ながら、現在ではスイムウェアは自由化されていて、結果的に千葉選手が正解だったことが証明されています。今の選手たちは、千葉選手の勇気ある行動がきっかけとなって、満足いく環境でオリンピックに出場することが可能になったわけです。

ふたたびキング夫人の言葉をご紹介します。彼女は「バトル・オブ・ザ・セクシーズ」を振り返って、こう話しています。

「この試合は社会を変える。もし負けたら、女性たちを50年前に引き戻すことになりかねない」

「私たちは前の世代の上に成り立っています。でも、どの世代でも前の世代より、より良くするチャンスがある」

キング夫人は次世代の未来を背負うことが「絶対に負けられない」というモチベーションにつながったと述懐しています。このキング夫人の言葉を思い起こすとき、千葉すず選手の勇気ある行動が、今という未来をより良い方向に向かわせたことは間違いないと感じます。

日本スポーツ界に根強く残る性差別

人々の思考が変わらない限り、本質は変わりません。閣僚人事を見ても、先述の某元大臣の発言を聞いても、日本のスポーツ界に根強く残る性差別には、ある種の必然性すら感じてしまいます。

タイトルⅨとは反対に、日本では競技団体などにおいて「性差別を定義するローカルルール」も多く存在します。

たとえば日本高等学校野球連盟（高野連）の大会参加者資格規定には、甲子園（高校野球）の出場選手資格は「男子生徒」に限ると明記されています。こうしたルールはアメリカならば明らかな性差別と見なされ、規定の存在自体が許されないでしょう。

少し前に、高校野球の地方大会で「女子マネージャー」がグラウンドに立ったことで、高野連からチームに指導が入ったことが話題になりました。ルール自体も問題ですが、マスコミ報道含めた社会全体が「女子マネージャーがグラウンドに立てないのはおかしい！」となっていたことに問題の根源があると感じました。

それは「女子マネージャー」という表現です。「マネージャー」でよくないか？　ということですが、「女子マネ」という言葉があまりにも定着して、誰も疑問に感じないことに、強い違和感を覚えました。

「マネージャーは女子の仕事」。そんな刷り込みが、知らず知らずに女性の直接的なスポーツへの参加を邪魔していると思います。反対に、マネージャーをしたい男子学生の機会を奪っているとも言えます。

「マネージャーをして、スポーツマネジメントを学び、将来は阪神タイガースの社長をめざす！」

そんな可能性を切り開いてくれるのが本来のマネージャーの仕事であって、そこには性別は何ら意味を持ちません。

また、女性指導者の圧倒的な少なさも、結果として性差別につながることが多いと思います。女性には女性しかわからない問題があります。体調も精神もまるで男性とは違います。

僕が評議員を務めるジャパン・コーチズ・アソシエーション（ＪＣＡ）の理事で、産婦人科医であり、スポーツドクターの高尾美穂先生によれば、女性は生理周期によって、まるで違う人物になると言っていいほどのホルモンの変化があるそうです。

ここでは詳しく書きませんが、僕も高尾先生から、医学的な見地から女性の体調変化を教わることによって「これは到底、理解できない世界だ」と実感しました。女子の部活動には、少なくとも女医や女性看護師、女性顧問など、誰かしら指導レベルに女性がいなくては、そもそも教育にはなりません。

そんな1つひとつの困難もあって、女性のスポーツへの参加機会はどんどんと狭まっていくのだと実感します。

ちなみに、全国のスポーツ指導者を束ねる組織であるJCAに登録している指導者の男女比率は「85：15」という割合です。そのまま女性のスポーツへの参加しづらさが表れていると思います。

出口戦略だけでは何も変わらない

日本政府も、国際的に見てあまりにも酷い男女格差の現状に少しばかり頭を悩ませているようです。

いろいろと政策を打っていますが、そのどれもが僕たちのような企業に対策を求める出口戦略です。つまり、女性の労働環境を改善することや女性の管理職を増やすなどが具体的な政策になっています。

もちろん、キング夫人が言っているように、そうした法律が社会の認識を徐々に変えていくでしょうし、女性も自ずとそのチャンスをとりにいくという力学が生まれるでしょう。僕としても、会社としてそのような対応を進めることに異論はありません。

でも、ここまで説明してきた海外の女性スポーツ改革事例を知れば知るほど、より重要で効果的なのは入り口、つまり学校教育にあると僕は思います。

日本にもタイトルⅨを導入すれば、学校の環境が著しく変わります。女性のアスリートの増加にともない、女性のロッカーも、女性の指導者も増やさねばなりません。

何より、学生時代から「女子マネ」を典型とするような「女性だから」という後づけの思考を持つ必要はなく、純粋に「私は何をしたいのか」という自立した思考が芽生えると思います。それこそが教育機関の役割であり、教育の醍醐味そのものでしょう。

「世界ジェンダーギャップ報告書」によれば、日本は初等・中等教育の分野では、男女間に不平等が見られない国のランキングで世界第1位だそうです。一方で、労働所得、管理職、経営者、政治家などなど、主に社会での活動領域では軒並み100位以下です。産後の職場復帰率にも課題があります。

日本は今、経済的に困難な状況を迎えています。経営者的に見れば、できるだけ多くの人に活躍してもらうことが国家の財政にとっていいに決まっています。女性がどんどん職場に出て、社会的な地位を確立して、所得をあげ、消費をし、新しい市場をつくり、経済を回していく。そんなことが望まれるに決まっています。

今、ジェンダーギャップランキング全体で100位以下に停滞している日本ではありますが、初等中等教育部門ランクでは世界第1位です。つまり、日本の女性は「眠れる資産」です。高等教育現場にタイトルⅨを導入し、スポーツ環境を改善し、出口と入り口の両方を整備する。それが、スポーツ立国ニッポンの処方箋です。

そもそも「男性」「女性」で区切る意味はどれほどあるのか

もしかしたら、この章の見出しすら社会の真の姿を映していないのかもしれません。

「LGBTQ」というわりと長いアルファベットがすでに一般化している現代、かねてより成立していた固定観念はどんどん古くなり、実態から離れていっているように思います。

日本人は、国民の義務として「小学校」に入学します。それ以前に幼稚園に入園する子どももいます。多くの子どもが、こうした教育機関で性別を強く意識するのではないでしょうか。男女別トイレや男女別の制服などと同時に、体育の授業や運動会というスポーツでも男女別にくくられてしまいます。医学的にも人の性別は2つに大別できないとされて久しい現代、2つに大別されることで、不要な苦しみを受けている人が多く存在していることは紛れもない事実でしょう。

スポーツは大きな発信力を持ちます。そして常に「性別」でくっきりと2つに分けられる競技ばかりで、潜在している課題が顕在化しやすい土壌があります。

誰にでもある「性別」という「概念」を壊していくこと、それによって内包されていたエネルギーが解放されて、社会がよりダイナミックに進化をとげるのでは、と個人的には思っています。

かくいう僕も、実は「社会の生きづらさ」に少し苦しんだ1人です。「出る杭は打たれる」日本社会において、うまく生きてこられたのは奇跡だとすら思います。「生きづらさ」ゆえ、世に一流企業とされる三菱商事を辞め、破れかぶれで「好きなことで飯を食いたい」と、気の合う同級生と会社をつくりました。

最近、「もしかして俺も……」と思い、受診した結果、正式に「ＡＤＨＤ（注意欠如・多動症）」という診断を受けることになりました。自分の中にあったいろいろな疑問が氷解して、肩の荷が下りた心地でした。

もはや「普通」なんてありません。自分らしく生きることこそ、社会を進化させるのです。

I think that Diversity is the American superpower.

ダイバーシティはアメリカのスーパーパワーだ。

-Will Smith-

ウィル・スミス（俳優）

真の男女平等をもたらすスポーツの力

最後もキング夫人に締めてもらおうと思います。

彼女はいたるところで「私が堂々と活躍できたこと、女性の権利のために戦えたのはタイトルⅨのおかげ」と言っています。

日本を改革するにはまず、法律で学校の環境から男女格差をなくすこと、そして個人個人の考え方を徐々にその精神に寄せていくことだと思います。

キング夫人は、２００９年に女性および同性愛者の社会的地位向上に対する功績が認められ、当時のオバマ大統領から「大統領自由勲章」をもらっています。そのオバマ前大統領からこんなことを言われたそうです。

「僕があの試合（バトル・オブ・ザ・セクシーズ）を見たのは12歳のとき。その後、僕は２人の娘の親になり、あの試合は僕の子育てにも影響を与えました」

キング夫人は、他のインタビューでこんなことも話しています。

「あの試合は女性に勇気を与えただけではなく、多くの男性の人生にも影響を与えました。涙ながらにあの試合の話をしてくるのは男性ばかりです。それは私がまったく想定もしていなかったことでした。あの試合を見てくれた男性たちが、今の女性問題やＬＧＢＴＱの問題の、積極的な支援者になっています」

僕は、生でその試合を見る機会は逃しました。でも、キング夫人のおかげで「男らしい」＝

「カッコいい」という考え方が女性の機会を奪っている、そんな考え方を持てるようになりました。

今では「男らしい」という言葉を使わない自分を、少しばかり「カッコいい」と思っています。

第6章

「メディア改革」でスポーツの稼ぐ力を最大化する

日本人が白人を投げ飛ばす
プロレスは敗戦国日本に勇気を与える。
ぜひやりたまえ。

正力松太郎

あまりにも「ガラパゴス」な日本のメディア

もう数年前の話になります。

僕が代表取締役を務めるドームがとある格闘競技の選手と契約していて、その選手の試合をテレビで放送することが決まったので、広告代理店とともに、そのテレビ局にご挨拶に行ったことがありました。そのときの会話が忘れられません。

お話しさせていただいたテレビ局の方は、とても偉い方でした。そして、とてもいい人であることは一目瞭然でした。一般的なスポーツの話、そしてその格闘技選手の話などでアイスブレイク……と思いきや、そのとても偉い方が、少しばかり身を乗り出してこう言いました。

「もうご存じかもしれませんがね。実は次の試合をゴールデンで生中継することになったんですよ！　これは昨今の我々の業界では異例のことです。それだけ期待がすごいってことですよ！」

僕は絶句してしまいました。うん、やっぱり仕方がないよな……僕は自分にそう言い聞かせました。

そもそも僕自身、19時前後に家に帰ってテレビなんて観ません。そして、当時中学生と小学生だった子どもたちがテレビを観ているところも見たことがありません。

日本を代表するマスメディア、そのとても偉い方が身を乗り出して「ゴールデン」という業界用語を口にしたとき、僕は「新宿のゴールデン街」のような渋みのある淡い輝きをイメージしてしまいました。

昭和のまま時代が止まった日本。テレビ業界という狭い村社会の価値観……。うんそうだよな、仕方ない。俺が偉いわけじゃない。これで今の日本は成り立っているし、多くの人々は幸せに暮らしている……。

そんなことを考えながら、残りの会話を続けていました。正直、どんな話をしたのかはまるで記憶にありません。

本章では、決して偉そうなメディア論を語りたいわけではありません。

多様化した現代のスポーツメディアの詳細には立ち入らず、あくまでもスポーツを切り口にした視聴者目線の話を中心に、日本がすべきことを、海外事例をもとに具体的に検証します。また、テクノロジーの進化とともに揺れ動く権利関係の整理など根本論にも触れてみようと思います。

スポーツメディアが「スポーツ立国ニッポン」にどんなインパクトを与えるのか。ともに考察してまいりましょう。

フロイド・メイウェザーJr.の衝撃

「ゴールデン」という響きが衝撃だったのは、具体的な理由があります。その年、ボクシングのフロイド・メイウェザーJr.の年収は100億円を超えていたからです。

スポーツビジネスをやっている中で、この「アスリート長者番付」は知っておかねばならない基本的情報の1つです。

メイウェザー選手の「世界一」獲得は、この年の2年前、2012年からです。そのインパクトはスポーツの新しい時代の到来を示唆するに十分なものでした。

そのインパクトとは、金額ではなく「収入源」にありました。

メイウェザー以前の世界一は「マイケル・ジョーダン」に代表される「ライセンス商品」の売上が、主たる収入源でした。

それまでは、タイガー・ウッズ選手が10年連続世界一と、無敵の強さを誇っていました。そんな中、2012年に突然現れたのがメイウェザー選手です。しかも2014年には100億円、翌2015年には360億円を超えるという桁違いの金額を稼ぎました。

彼の名前は知っていましたが、どこのブランドと契約していて、どんなライセンスグッズが売れているのかなど、まったく知識がありませんでした。十数年間、過去のビジネスモデルが強烈すぎたこともあって、突然現れた「世界一」のお金持ちに、頭の中は「?」だらけでした。

調べてみると、彼の最大の収入源は「放映権収入」とのことでした。それも「ペイパービュー」と呼ばれる「有料視聴システム」での収入が大きな部分を占めていました。

ライセンス商品からペイパービューへ。それは、「モノからコトへ」というパラダイムシフトをものの見事に体現していました。それもその2年前の出来事ですので、日本のメディア界で大いに話題になっているはず。勝手にそう思っていました。

でも、某テレビ局の応接室で「メイウェザー」という名前を知っていたのは、なんと僕1人だったのです。

メディアを支配する「権利」の力学

スタジアム・アリーナ改革、リーグ・団体改革、大学改革、女性スポーツ改革。今まで説明してきた改革全体のパワーを極限まで増幅するターボチャージャーが、本章で説明する「メディア改革」です。

両者には、スポーツがメディアに育てられ、メディアもまたスポーツに育てられるという相互関係があります。今まで論証してきた4つの改革すべてが互いに影響を与えあって、成長の原動力になっているのです。

「メディア」というのは「広告媒体」そのものですから、僕たちも広告主の一企業として独自の見解を持った上で、戦略的に取り組んでいます。特に最近は「オウンドメディア」と呼ばれるように、自分たちでコンテンツを自由に発信できる時代になって、大きく様相が変わってきています。

とはいえ、この業界を動かしている根本力学は「権利」そのもので、ここは時代が変わっても、不変の力学と言えます。メイウェザー選手の巨額の年収も、希少性の高いマッチアップを実現することで選手の権利である「肖像権」を極限まで増幅させた結果です。

反面、日本のスポーツメディアでは、とても残念ながら昭和から時間が止まっているように感じます。「地上波のゴールデン」というテレビ局が持つ「枠」が大きな権利として、力学の中心にあります。

欧米ではだいぶ昔から、地理的な要件によって、ケーブルTVによる多チャンネル化が進んでいます。したがって、日本のように地上波6チャンネルのシェア争いである「視聴率」なる価値観は存在しません。

昭和のテレビ業界は、放送法により事実上の6チャンネルで放送メディアを独占するという「権利」をフル活用し、大成功を収めました。

ビデオリサーチ社という広告代理店とテレビ局で共同出資した視聴率測定企業をつくって、そのシェア争いを国民も楽しむという価値観が日本には定着しました。「自分たちの成績表を自分たちでつくる仕組み」にもかかわらず、6つのメディアの競争に国民も一喜一憂し、視聴率は「権利の強さ」を示すものとして絶大なる地位を確立しました。

この「権利」を、少し整理してみます。

アメリカでは「個人の権利」をフル活用することで、放送自体の収入を極大化しています。

一方の日本では、地上波の価値という「メディア側の権利」に思考と力が集まり、業界全体の縮小傾向に歯止めが効きません。

権利の使い方、もしくは価値観のドラスティックな改革で、もっともっと「ターボチャージ」を効かせられる。日本の状況を客観的に見ると、そんな「もったいない」構図が見えてくるのです。

「個の権利」を解放することで生まれる強烈なパワー

前述した2つの権利には、根本的な違いがあります。それは収入源です。

地上波テレビ局の主たる収入源は「企業」です。

メイウェザー選手の主たる収入源は「個人顧客」です。

地上波テレビ局のビジネスモデルは、「面白いコンテンツをつくって視聴者を集め、その視聴者の注目を欲しい企業からお金をとる」というややこしいモデルです。

一方、メイウェザー選手のビジネスモデルは「面白いコンテンツをつくって視聴者からお金をとる」と、きわめてシンプルです。

メイウェザー選手の２０１５年の年収は３６０億円、ペイパービューの視聴料合計は４８０億円と言われています。たった数時間で４８０億円を稼いだわけです。ちなみに、名古屋地区では強力な存在感を誇るＣＢＣ中部日本放送の年間の売上高は約３４０億円です。

おまけに、この４８０億円はペイパービューの視聴者からだけの収入です。「ついで」に企業からのスポンサー収入も得られるし、海外にはそのまま放映権を販売できるので、実際の収入はさらに莫大なものになります。また、試合前、試合後もさまざまな関連番組を放送できるわけです。個人の権利を解放することによって、メディアの収益を増幅できるのがよく理解できると思います。

メディア側はスーパースターに主導権を渡す代わりに、その求心力を骨の髄までむしゃぶりつくす、そんなイメージです。

このエネルギーの根源には、メイウェザー選手のようなスーパースターが大きな権利を持つことで「自らが営業部長」になるという、強烈なインセンティブを働かせられることにあります。

「お前は試合に集中しろ！」。日本でよく聞かれるセリフですが、アスリートに限らず24時間集中できる人などいません。また、そんなセリフの裏側には「余計な権利に興味を持つなよ」という組織の論理も感じます。

「注目を集めて勝てば5億円儲かるぞ！」

「余計なことをしないで試合に集中しろ！」

僕なら、前者の励ましのほうが気合いが入ります。

組織の権利を個人に移譲し、新しい力学の経済をつくる。メイウェザー選手という思いっきり「そのまんまのロールモデル」があっただけに、某テレビ局では「そんな話で盛り上がりたかった」というのが正直なところでした。

こういった日本の「後進性」は、裏を返せばすべて「伸び代」です。

個人の権利を検証する

「プロ野球選手のインスタグラム。肖像権は誰のもの？」という問題があります。

現在の日本プロ野球の契約形態では肖像権は球団に帰属しているため、インスタグラムで広告をやる場合は応分のコミッションを球団に払わなければならないようです。また、ユニフォームを着用している場合は、球団自身が著作権を持っている可能性もあります。

選手から見れば「俺がコツコツがんばってきて増やしたフォロワー、球団は関係ない」という気持ちになるのは当然です。しかし球団としても、長年の球団運営とチームのマーケティングに応分の投資をしているはずです。「その土台があってのフォロワーだ」と主張します。

要は、肖像権や著作権といった「財産権」が誰に所属しているか、という問題です。

ややこしい法律論をしたいのではありません。大事なのは「権利義務の関係をはっきりすべきだ」ということです。日本人はここが弱く、本来ある大きな可能性を解放できません。弁護士なら「あとでトラブルを避けるため」と言うでしょうが、本書では「それじゃ、お互いに儲からないじゃん」というスタンスです。

僕が球団経営者だったり、芸能プロダクションの社長だったら、世界のソーシャルメディアの成功事例を学んで、選手やタレントが一番儲かる方法を考え、それを促します。その上で「会社にはX%ちょうだいね」と言ってウィンクするでしょう。

何にもしないでお金が入る。しかも選手が自ら「営業部長」になってくれるなんて、造幣機のような仕組みです。

ポイントは、お互いに収益最大化のイメージをつくって、お互いの取り分を双方の合意に基づいて決めるというシンプルなことです。

権利を知り、話し合いで配分を決める

スポーツメディアの根本力学には「権利」があります。

新しいメディアが登場する。選手が突然大ブレイクして人気が出る。オリンピックなど国際大会に出場する際の肖像権は誰にあるのか。欧米ではこういった問題が起こるたびに、お互いが権利を主張して、裁判を経て合意がなされるケースが多々あります。

日本との違いは、欧米では選手側が「権利」を明確に主張するところにあります。オリンピックの「ルール40」もその典型です。

ルール40とはIOCがオリンピックの権利を守るために定めた規定であり、選手やスタッフはオリンピック前後も含めた大会期間中、IOCの公式スポンサー以外の広告活動を禁止されています。

しかし、それぞれの選手の競技活動を日常的にサポートしている企業は公式スポンサー以外

に数多く存在しており、企業側からすれば世界最大のスポーツイベントで企業名を出すことができません。一方で選手側からすれば、スポンサーへの恩返しの機会を逃すこととなります。

このような事情から、自身の肖像権に対する意識の高い欧米の選手を中心にＩＯＣに対して規制緩和を求める声が高まり、実際にＩＯＣが緩和の方向に動かざるを得ない状況となってきています。

メイウェザー選手とパッキャオ選手のマッチメイクはスーパースター同士ゆえに、水面下での権利闘争が非常に激しかったようです。それもあってなかなか実現しなかったマッチアップだったわけですが、結果として、メイウェザー選手の契約するショウタイム、パッキャオ選手の契約するＨＢＯという2つの放送局が放映権を持つという異例の決着をしました。

すべてはお互いの権利を知り、話し合い、取り決めることです。

東京オリンピック・パラリンピック競技大会組織委員会の、東京２０２０チケット購入・利用規約第33条3項には、次の文言が記載されています。

「（撮影した）コンテンツについて保有する一切の権利をＩＯＣ（国際オリンピック委員会）に移転するとともに、その著作者人格権を行使しないことに同意します」。ここにも、日本的な権利の一方的な主張が感じられます。

ＩＯＣが背景にあるとは思いますが、ＩＯＣの主張する権利、著作権やスポンサーの既得権を、ＪＯＣが必死に守ろうとするところに「権利ビジネス」の力学が透けて見えると思います。

チケットを買った人からすれば、「なんでその規定どおりにしなくちゃいけないの?」「俺が撮る写真なんだから、俺の権利じゃないのか?」「そもそも権利を放棄することの合意をとってから売れ」と思うのは当然です。ゴネるのがポイントではなく、正しい権利の主張は、最終的には市場を大きくするということです。

既得権を壊して、新しいやり方を取り入れること。メイウェザー選手が典型ですが、そうすることで、スポーツメディアは急拡大するはずです。

技術革新こそ革命の礎

そもそもテレビ局など放送事業者は、政府から付与される放送免許を根拠に電波を使用します。テレビ番組への批判として「公共の電波でそんなものを流すな」という定型句がありますが、それももともと、電波は使用できるキャパシティに制限があるため国家で管理するという成り立ちからです。

権力は本能的に情報を管理します。

そしてその権力は、いつの時代もテクノロジーが壊します。既存のテクノロジーを根拠に権力が成り立っているわけですから、当然といえば当然です。

たとえば中世の宗教革命も、グーテンベルクの「印刷技術」がその基盤となりました。もともと教会は、生きる知恵や教えの基礎となる「聖書」を秘蔵物として管理することで権力を握りました。知識も知恵もない一般民衆は、時の権力者の言いなりでした。

しかし、印刷技術の発明によって聖書が複写され、民衆は情報や知識を手に入れられるようになり、それが巨大なエネルギーとなりました。情報管理によって強烈な権力を維持してきた教会はその威力を一気に失い、宗教革命は成立しました。のみならず、学校における教科書の複写も可能になって、人々の民度は飛躍的に高まっていきます。

時に権力者は民衆に知恵が備わるのを嫌いますが、社会は必ずその権力をひっくり返します。

本書もグーテンベルクの産物ですが、時代は活字からラジオ、ラジオからテレビ、そして現在ではインターネットと、その権力構造は大きく変わっています。

特に、近い将来はミレニアル世代やジェネレーションZなど、デジタルネイティブと言われる「物心ついたときにはスマートフォンを持っている」世代がマジョリティになっていきます。つまり、テレビを中心とした既存の権力構造と、その既得権を壊していくであろうインターネットとの覇権争いの動向も風雲急を告げているということです。

既得権の威力が強い今の日本ですが、デジタルネイティブたちが正しい権利を主張していくことで、間違いなくスポーツメディア市場は拡大し、国家の形にも大きな変化を及ぼすはずです。

権力構造は変わっても「コンテンツの魅力」は変わらない

かくいう僕は、テレビ世代のど真ん中です。インターネット時代を推しつつ「ツールは変わっても本質は変わらない」ということを、僕のメディア体験記を通じてちょっとご紹介させてください。

僕の半生とスポーツとの関わりを簡単に振り返ってみると、以下のとおりです。

幼稚園→テレビで「巨人の星」を観る
小学校入学→「巨人の星」への興味から野球を始める

小学校高学年↓テレビでバレーボールワールドカップを観る
中学入学↓野球部がなくバレーボールを始める
高校入学↓背がそこまで高くないためバレーを諦め、テレビで印象に残っていたNCAAアメリカンフットボール「ミラージュボウル」の影響でアメフトを始める

僕を「1人のスポーツ市場の顧客」と捉えたら、スポーツとメディアはガチガチにつながりあっている関係にあると実感できます。

「巨人の星」を観て巨人ファンになった僕は、ごく一般的な日本人だと思います。そして、巨人に関連する雑誌や本を購読するようになり、正式名称が「読売ジャイアンツ」であることを知りました。

家の新聞は偶然にも「読売新聞」でした。必然的に4チャンネル（日本テレビ）が好きになりました。中学時代、なけなしのお小遣いを割いて買っていたのは「報知新聞」です。1981年には立ち見ながら、後楽園球場で江川卓投手の胴上げを観ることができました。

そして今、僕の経営する会社はジャイアンツとパートナーシップを結ばせてもらうにいたりました。

読売グループの壮大な「スポーツとメディアの融合による相互価値最大化戦略」に、ものの見事に乗っかった人生と言えます。

多様化、多メディア化、ボーダレス化など、技術革新によりどんどん覇権の入れ替えが進んでいる現代。

そんな時代にあってもなお「人気コンテンツ」は不変の価値を誇ります。むしろ、技術革新が進めば進むほど、優良なコンテンツは輝きを増します。

聖書の英訳は「バイブル」です。日本語でバイブルと言えば「秘伝の教え」のようなニュアンスだと思います。聖書が編纂されて数千年、いまだにその威力はまるで衰えるものではありません。

スポーツビジネスも同様に、潜在化している優良コンテンツを顕在化させたり、普通のコンテンツを優良化することで、最終的な経済効果が最大化されていくのです。

日本におけるスポーツ界とメディアの歴史

少し俯瞰して、日本のスポーツとメディアの関係の歴史を振り返ってみましょう。

第二次世界大戦後の日本で復興の機運を高めた陰の主役は間違いなく「スポーツとテレビ」

でした。

戦争に負けたことで、それまでの日本社会は完全に崩れました。行動規範となる法律、価値観の基礎となる教育勅語などの教えのみならず、通貨、税制、市場、流通など、日々の生活に大きく影響を及ぼす経済システムの崩壊もともないました。

そんな動乱期が徐々に落ち着き、日本が独立国家として歩みはじめ、国民たちのエネルギーが前向きな方向へふつふつと湧き上がるころ。登場したのが「美空ひばり」と「力道山」ではないでしょうか。

『スポーツ立国論』ですので、力道山にフォーカスして先に進みます。

北朝鮮出身の元力士だった力道山（日本名：百田光浩）は、大きな野望を胸いっぱいに抱えた、天性のセルフプロデュース力を持つ若き怪物でした。

大相撲に馴染めず、力を発揮できなかった力道山は、武者修行先のアメリカで見たプロレスの興行にヒントを得ます。アメリカで見た当時のプロレスは、力自慢の素人同士で戦ったり、その素人を倒す「XXモンスター」「ハリケーンXX」などと、威勢のいい枕詞をつけた筋骨隆々の「プロのレスラー」たちが活躍する場でした。

そのアイデアを日本にそのままもってきて、時には進駐軍の居残り元軍人アメリカンをスターレスラーとして売り出し、世紀のマッチメイクに仕立てます。自らもトレーニングをして、相撲体型からアメリカ人のような筋骨隆々の身体に肉体改造することでスター性を醸し出したりと、プロデュース能力をどんどん発揮していきます。

そして、綿密な計算に基づくスリリングな対戦を繰り広げ、最後は必殺技の空手チョップで仕留めるというエンターテインメントを確立。当時は社会的に大きな力を持っていた反社会組織をプロモーターとして活用するなどの仕組みをつくり上げ、プロレス人気はうなぎのぼりに上がっていきます。

その人気にあやかりたい政治家や実業家などとの交流も進み、スポンサーも次々と獲得。「エンターテインメントビジネス」、そして「スポーツ興行」の原型をつくりました。

屈強な外国人レスラーを空手チョップで次々に打ち破る光景は、敗戦後の日本国民を熱狂させました。街頭テレビは人だかりとなり、家計にゆとりが出てくると「テレビ」が売れるようになります。

松下電器をはじめとする家電メーカーはテレビをガンガン製造し、全国に「電器屋さん」の流通網が構築され、スポーツとメディアの融合はあっと言う間に1つの完成形を確立したのです。

プロレスはテレビ局やラジオ局を大きく飛躍させるきっかけをつくっただけでなく、「朝日新聞」「毎日新聞」など一般紙の1面トップを飾るほどの社会的な現象にもなりました。スポーツとメディアの融合が日本の基幹産業を支え、全国津々浦々までその経済効果を波及させ、戦後復興の大きな役割を担ったのです。

力道山は日本スポーツビジネスの原型

見たいという欲望を刺激し、見せるための道具をつくる。そのための工場ができ、雇用が生まれ、生活が安定し、購買意欲を満たす。力道山はそんな「エコシステム」を確立したと言えます。

戦時中の閉塞感や敗戦のショックによって封じ込められていた欲望というエネルギーは、力道山に集まりました。そのエネルギーは、力道山と彼を取り巻く業界、政財界、メディア、興行主、さらには反社会組織まで、あらゆる側面でマネタイズされたのです。

まだＮＨＫと日本テレビの2つしかチャンネルがなかった時代に、両方の局がプロレスを中継し、しかも大成功を収めました。まさに視聴率１００％の世界です。

時はテレビの黎明期です。圧倒的な力を持っていた興行主には、テレビ中継してしまうと集客力が弱まるのではないかという懸念がありました。

しかし、実際の会場だけでなく、街頭テレビにまで人々が押し寄せる現象を目の当たりにして、テレビ中継はむしろ宣伝になると知ったのです。興行主には「放映権料」という新たな収入源ももたらされました。

個人的には「力道山」は「日本のスポーツビジネスの原型」だと思っています。むしろ、当時の「世界最先端のビジネスモデル」とさえ言えるかもしれません。

力道山こそ「スポーツ立国ニッポン」をかつてなし遂げた第一人者、そう言っても過言ではないでしょう。

力道山からプロ野球へと渡されるバトン

力道山がつくったビジネスモデルは、後にプロ野球で発展していきます。

スーパースターの活躍は、新聞、雑誌の販売部数を飛躍的に増やし、テレビ局という新たなメディアをつくり、家電メーカーという日本を代表する製造業をも育成しました。

スポーツは儲かる。

当時の日本人はそう確信したに違いありません。ただ、戦前の日本においては、野球を軸にしたスポーツビジネスのモデルが、すでに産声をあげていました。

もともと、夏の甲子園の原型は戦前の全国中等学校優勝野球大会でした。当時の「大阪朝日新聞」が新聞販促を目的に野球大会を主催したことに端を発しています。

それが日本高等学校野球連盟（高野連）の起源でもあるのですが、ここでしたいのはその是非論ではなく、スポーツビジネスのモデルの話です。

記録に残っているのは、この大会のおかげで全国の中等学校（今の高等学校）に野球部が普及し、当時の体育教育の大きな助けになったという事実です。紙面を通じて母校愛や郷土愛が刺激され、学校の求心力が高まるなど、教育面における効果は大きかったようです。

地方の中等学校はどんどん野球部をつくり、野球人気は高まります。地方大会を含めて、中等学校野球大会のコンテンツを読みたい人々も急増し、新聞の売上は大きく向上したそうです。

こんなにも美しい「教育とスポーツ、そしてビジネスの関係」が、今の甲子園にそのまま受け継がれていれば、我が国はもっと発展していたのに……という思いを噛み殺して、先に進みます。

そんな戦前の野球ブームを決定づけたのが、読売新聞社主催の「日米野球」でした。

当時の日本野球の最高峰であった東京六大学選抜チームを擁し、ベーブ・ルースやルー・ゲーリッグというＭＬＢのスーパースター軍団の招聘に成功します。今でも結成できないようなドリームチームの来日に、空前の野球ブームが起こりました。

「読売新聞」はもともと全国8位の小さな新聞社でしたが、この興行とのタイアップで人気は急上昇し、購読者数で第1位を獲得してしまいました。

まさに、優良コンテンツがメディアを育てビジネスとなる、という典型事例です。

読売新聞社はその後、プロ野球チームを持つようになりました。それが現在の「読売ジャイアンツ」です。

戦後たったの8年、１９５３年よりテレビ放送がスタートし、力道山によるプロレス大ブームが起こりました。その力道山のパワーによって構築されたテレビ網に、プロ野球が見事に乗っかります。

１９５８年に東京六大学のスーパースター長嶋茂雄、そして翌１９５９年には甲子園のスーパースター王貞治が巨人軍に入団します。

プロ野球は年間の試合数が多く、連日激闘が繰り広げられ、王、長嶋以外にも登場人物が多く、瞬く間にその人気は広がっていきました。

こちらは文字通り筋書きがありません。日本を代表するメディアが、こぞってドラマチックなストーリーを綴り、プロ野球を盛り上げました。

力道山がテレビを普及させました。そして、プロ野球、特にジャイアンツはテレビというメディアから放映権料を得つつ、親会社の新聞の購読数を増加させる、そんなビジネスモデルを確立しました。

プロ野球は結果的に、MLBにも勝るほどの成功を収めたスポーツビジネスとなりました。

力道山モデルから進化するために日本がすべきこと

日本は平和で安全で素晴らしい国だと思います。その上で、1つ大きな課題をあげるとすれば、僕は「将来性」だと思っています。

企業評価でも、将来価値を現在に引き戻すことで、その価値を決めます。今は巨額を稼いでいる企業でも、将来の飯のタネが用意されていなければ、企業の価値は限りなくゼロに近づきます。

今の日本をつくったのは、政治では田中角栄、そしてスポーツとエンターテインメントでは力道山だと思います。

彼らのつくったモデルから脱却して、「新しいモデルをつくる」のが本書『スポーツ立国論』というわけですが、日本にはスポーツメディアが大きく羽ばたいていく土台が整っていません。それは前述のとおり、それぞれの権利／義務の関係が、整理されてこなかったからです。とにかく、まずはここにメスを入れることです。

第4章で説明した学生スポーツにおいては、そもそも学生の権利とも言える部活が任意団体であり、学生自身の肖像権は曖昧なまま何となく競技団体が持っているような状態です。プロリーグにおいても、肖像権はチームが持つ場合とリーグが持つ場合と大きく2つの形に収まってしまっています。

スポーツ立国の基本的な哲学は「はじめに」で書かせていただいたとおり「一身独立して一国独立す」です。個々の選手たち、1人の個人がまずは自分自身を解放させ、エネルギーをつくることが必要です。

その上で、民主的なプロセスを経て、努力している人々が正当に報われる。価値が最大化される。社会の隅々に配分が行き渡る。そんなエコシステムをつくるのが「スポーツ立国論」の論旨です。

いろいろと大きな課題はありますが、宗教革命と同じように、技術革新で確実に土壌は変わってきています。

スポーツはもともと「清廉潔白」なものではない

違う角度からの根本論になってしまいますが、欧米社会におけるスポーツはもともとプロが前提でした。

競争に勝ちたい。なのでファンをつくり、スポンサーになってもらう。地域のスポーツ好きの成功者は、お気に入りの選手を支援して勝たせたい。

そんな牧歌的な風景をイメージしてください。そもそも競馬の歴史がそうですし、ボクシングもクリケットもテーブルの下で、上で、さまざまなお金が動いていました。

日本でも、大相撲にそんなスポーツビジネスの原型が色濃く残っています。

興行というエンターテインメントビジネスであるのはもちろん、タニマチと言われるスポンサーや升席と呼ばれるＶＩＰエリアと行き届いたサービスなどなど、大相撲は世界に誇る優れたビジネスモデルと言えます。

欧米のスポーツの歴史とまったく同様に裏社会とのつながりや八百長事件などが起きてしまうのは、興行という商売にはついて回る、ある意味必要悪なスキャンダルとも言えると思います。

ここで論じたいのはことの善悪ではなく「プロスポーツ」というビジネスを考える上で、世界でも同じように不正が起き、是正に向けた改革の歴史を辿っているということです。スポーツのみならず、そもそもビジネスには不正がつきまとい、発覚するたびに法律がつくられたり、倫理観が磨かれたりして、人類は進化を続けてきました。

そもそもスポーツは人間の歴史そのものとも言えるくらい起源は古く、「チルコマッシモ」や「コロッセオ」のように、地域や国家を代表するエンターテインメントとしての機能も備えていました。

先述の大相撲のように、日本でも過去から武道や勇壮なお祭りを含めて、さまざまな原型としてのスポーツがあったと思います。

ポイントは、スポーツはもともと、それほど清廉潔白なものではない、ということです。

それが明治維新の富国強兵政策の下、「体育」という人材育成のツールとして急激な方向転換を余儀なくされてしまいました。ここから歯車が狂い出します。

知育、徳育、体育という「明治の三育」ですが、サッカーとダンスと跳び箱を全部まとめて「体育」としてしまったことに根本的な問題がありました。悪いことに、その問題はまだそのまま残っています。

スポーツはもともとプレイ＝「遊び」ですが、体育はエデュケーション＝「教育」です。「遊び」と「教育」という、ある意味真逆の意味を持つ2つの言葉が混同して使われてしまうのが、今の日本の実態です。

もともとサッカーは「ボール遊び」で、学問ではありません。でも、僕は小学校の体育でサッカーを習い、先生に評価されました。先生はサッカーの専門家でも何でもない、若い女性でした。

スポーツはプレイ＝遊びですから、楽しいのが基本です。楽しいところには人が集まり、人が集まるところにはお金が集まります。

そしてスポーツは日本社会においても体育よりも歴史が古く、大衆的だったにもかかわらず、いつの間にかスポーツは「体育」に吸収されてしまいました。

そもそも大相撲に見るように、楽しいことをお金にするのは日本人も得意とする領域でした。「それは行き過ぎた商業主義だ」という富国強兵、三育の呪縛に脳味噌が支配されないよう、スポーツでも教育でもその基礎には経済があることをつどつど確認しつつ前に進みます。

スポーツを提供するメディアは移り変わっている

ここで、世界のスポーツリーグがどのくらい儲けているか、まとめてみました（図表6－1）。「消費税収だけでもXX円だよ」「選手の所得税だけでも税収上がるよな」など、市場の拡大が国家に貢献するイメージを持ってご覧ください。

世界一の収入を誇るナショナルフットボールリーグ、通称NFLと呼ばれるアメリカンフットボールリーグの売上は年間1兆5000億円を超えます。その中で、放映権収入は半分の約8000億円近くにのぼります。

ヨーロッパナンバー1のサッカーリーグはプレミアリーグです。約7000億円の売上に対して、放映権収入は同じく半分の約3500億円と見られています。

インターネットとスマートフォンの普及により、チームや個人も簡単に、そしてリアルタイムに情報発信できるようになりました。観る側からすれば誰が配信しようが、動画であれ写真であれ、試合映像であれロッカールーム映像であれ、面白ければ観ます。たくさん観られればそこには収入が生まれる仕組みもできています。

図表**6-1**　世界のスポーツリーグ売上ランキング（2017年）

順位	リーグ	競技	国	売上（円）
1	NFL	アメリカンフットボール	アメリカ	1兆5,540億
2	MLB	野球	アメリカ	1兆1,433億
3	NBA	バスケットボール	アメリカ	8,214億
4	プレミアリーグ	サッカー	イングランド	6,746億
5	NHL	アイスホッケー	アメリカ	4,917億
6	リーガエスパニョーラ	サッカー	スペイン	3,928億
7	ブンデスリーガ	サッカー	ドイツ	3,811億

出所：REALSPORT社「[世界のリーグ売上ランキング] 1兆円超え達成の2リーグはどこ？　日本と桁違いの売上額」（2019年7月12日、https://real-sports.jp/page/articles/279519443845907613）

少し前まで、プロスポーツのメディアはESPNやFOXなど、ケーブルテレビ局が大きな存在感を示していました。しかし現在ではOTTと呼ばれるインターネット動画配信サービスや、Facebookやアマゾンといったインターネットのプラットフォーマーまでスポーツメディアに参入してきています。

リーグやチームも独自の配信プラットフォームを持っていますので、利用者は月額固定の料金を支払えば、応援したいチームの生中継やハイライトなどをいつでもどこでも観ることが可能です。

観る側、たとえば日本の海外スポーツファンには最高の環境が整ってきたと言えます。コンテンツホルダー側、つまりチームやリーグから見ても、お客様は国内に限らず世界中にいるという状態になります。

冒頭のメイウェザー選手、前章のキング夫人、ともに「稀有なマッチメイク」と事前の綿密なプロモーションによって、人々の「どっちが強いんだ」「一瞬たりとも見逃せない」という欲望を喚起しました。

コンテンツの優良化を実現し、その上でメディア側はその画面に映るものすべて、たとえばアスリートの服や用具はもちろん、壁から柱から椅子まであらゆる「媒体」をマネタイズしていきます。

「優良なコンテンツ」がすべての起点になる。時代が変わっても、この本質は変わりません。そして、アメリカ、イギリス、ドイツ、スペインにできて、日本にできない理由は1つもありません。

スポーツがメディアを育て、メディアがスポーツを育てる

スポーツとメディアの関係が強化されるきっかけとして有名なのが、スポーツが有料コンテンツとなっていく黎明期の1979年に誕生したESPNです。

スポーツ専門ケーブルテレビ局のESPNは、ウォルト・ディズニー・カンパニーの傘下にあります。「ディズニー」といえば、日本では「アナ雪」や「ディズニーランド」の存在感が

大きいエンターテインメント企業ですが、近年では売上の半分以上はこのＥＳＰＮが稼ぎ出していました。

ＥＳＰＮも１９７９年の開局当初から、優れたコンテンツを取りそろえていたわけではありません。まずは、どんなコンテンツであろうと集める必要がありました。全米中のローカルスポーツを見て回ったのは、放送できるコンテンツを開拓するためでした。

掘り当てた〝金の鉱脈〟がカレッジスポーツ、第１章でも紹介した「ＮＣＡＡ男子バスケットボール選手権」でした。すでに地上波でも放映されていましたが、視聴できるのはたとえば準決勝と決勝だけといった具合に、一部に限られました。ちなみに、この頃はまだ〝マーチ・マッドネス〟（３月の狂気）とは呼ばれていません。

ＥＳＰＮが１回戦からの中継に踏み切ったのは単純にコンテンツを必要としていたからですが、これがたまたま功を奏します。早いラウンドで敗退していた中にも、優秀なチームは数多くありました。視聴者の目に触れずにいたのは、ただ試合の放映がなかったからでした。

実際に１回戦からの中継を始めると、勝負事が大好きなアメリカ人たちの心を奪います。

この大会はそもそも競技レベルが高く、熾烈な戦いが続き、トーナメント方式ゆえのスリリングな展開も相まって、地元愛や母校愛が人々の興味を刺激したのです。

それまで眠っていた価値がアクティベートされて、「熱狂」へと昇華されていきました。味を占めたＥＳＰＮとＮＣＡＡは連携し、協力を重ね、多くの工夫を凝らして、マーチ・マッドネスを〝お化けコンテンツ〟へと成長させてきたのです。

２０１７年は決勝戦の視聴者数が２３００万件に達し、大会全体の観客動員数は69万人を超えています。大会を主催しているＮＣＡＡの収益の約90％、実に１０００億円前後がこの〝3月の狂気〟からもたらされており、その約80％にあたる約８００億円が放映権収入です。

マーチ・マッドネスの成功は、多くのプロスポーツリーグや競技団体を刺激します。こぞってメディアと手を組み、さまざまな取り組みを続けるようになりました。

リーグや競技団体はルールを整備し、戦力の均衡化を図り、マッチメイクでもファンを刺激します。スタジアムやアリーナを所有していれば、カメラ映りの良いベストアングルの広告スペースを拡充して、スポンサーからの収入を最大化していきました。

メディアは演出を工夫します。カメラアングルやＣＭを挿入するタイミングの最適化を進めました。

試行錯誤を続けて、スポーツのコンテンツとしての価値が巨大なまでに増幅していったのです。

余談になりますが、プロレスラーが現役のボクシング世界ヘビー級チャンピオンと戦った「アントニオ猪木対モハメド・アリ」（１９７６年）というマッチメイクのワクワク感はすごかったです。ほんの少し時代の先端を走りすぎてしまった、もの悲しさはありましたが、世紀のマッチアップを本当に実現させてしまった猪木氏の偉大さに言及せずにはいられません。

猪木氏もメイウェザー選手も、顧客の心をつかむ天才だったと言えると思います。

ＧＡＦＡも参入するスポーツ放送ビジネス

今までの流れを読めば、ＥＳＰＮの成功物語すらすでに過去の話になっているのはおわかりいただけるかと思います。

一時期はウォルト・ディズニー・カンパニーの売上の約6割を稼ぎ出してきたＥＳＰＮを核とする放送事業が、苦境に立たされています。

２０１３年以降に失った視聴者は、１０００万人以上にのぼります。親会社ウォルト・ディズニー・カンパニーのケーブルテレビ事業は、２０１６年末締めの四半期の営業利益が前年同期比で11％下落しました。メディアのシフトによる「コードカッティング」、すなわちケーブルテレビの解約は、ＥＳＰＮにとっては深刻と言えるほど進行しています。

メディアのシフトとは、視聴者が選ぶサービスの変化です。アメリカではメディアの主流が、ソーシャルメディアかNetflixやHuluといったネット動画配信サービスへとシフトして、ケーブルテレビからの顧客離れが進んでいるのです。

スポーツ放送ビジネスには、フェイスブックなど資金力の豊富な〝ネット業界の主役たち〟が積極的に参入しています。

NFLの試合を木曜日の夜に開催する「Thursday Night Football」のライブストリーミングによる放映権は、2016年はツイッターが、2017年はアマゾンが獲得しました。雑誌『スポーツ・イラストレイテッド』を発行するタイム・ワーナー社は、スポーツのデジタル動画配信サービス「SportsIllustrated TV」を2017年11月にローンチしました。

こうした状況をESPNが指をくわえて見ているはずもなく、2016年8月には親会社のウォルト・ディズニー・カンパニーがMLBのネット配信会社「Bam Tech」の株式33%を取得しています。ESPNもネット配信事業を進めているのです。本書が出版されるころには、目まぐるしい変化が起こる欧米のスポーツメディア業界です。前述した状況も大きく変わっているかもしれません。

ただ、変わらぬ本質もあります。それこそ、ここまで説明してきたとおり、コンテンツ側は自分たちの持つ権利、肖像権や財産権を一番高く買ってくれるところに流れていくという事実です。そして、その権利を買い取るのは、いつでも「顧客」を捕まえているメディアです。力道山時代はテレビが、そして現代ではスマホが顧客を握っているのは、僕が語るまでもありません。

最適化をめざし「もったいない」を顕在化する

「天才の頭の中」(Netflix)という、ビル・ゲイツ氏を特集した番組があります。

自分の持つ富、そしてネットワークを含む知を結集して「世界の困難」を克服することに全力をつくしているゲイツ氏。番組のインタビューでこんな問答がありました。

質問者「難病に瀕した子どもたちを救うこと、それこそがあなたの生きがいになっているようですが」

ゲイツ「いや、そんなんじゃないよ。もちろん、その場に居合わせたら、僕も感情を揺さぶられるだろう。でもそんな感情が僕をドライブしているわけじゃない」

質問者「では何が……」

ゲイツ「最適化です」

僕は、ハッとしました。次の瞬間、「ゲイツ、わかってるじゃん！」と、思いました。「俺がやりたいのも、最適化だよ！」と、もうゲイツ氏とは心の友達気分です。ゲイツの持つ富と知性とネットワーク。これを発展途上国で駆使すれば、地球はサステナブルな惑星として発展し続けられるのではないか。そんな思考が、彼の言う「最適化」です。

本書ではいろいろとネガティブなことも書いていますが、文句を言いたいわけでも、誰かを傷つけたいわけでも、自分が偉くなりたいわけでもありません。

僕は「最適化」がしたいのです。

日本にゴロゴロ転がっている「もったいない」を活用したい。それが僕の唯一のモチベーションです。

「ＣＭ飛ばし」されている巨額なテレビＣＭの費用を、ネット配信による大学スポーツの促進に使ったら、みんなにメリットがあるエコシステムがつくれるんじゃないか？

吉田沙保里選手と伊調馨選手の世紀のマッチアップをペイパービューでやってみたら、レスリング協会は補助金に頼らずとも、選手強化や普及活動ができるのではないか？

ここまできたら、前章まで書かせてもらった「新国立競技場を抜本改築してジャイアンツのスタジアムにする」「甲子園で稼ぎ、教育に再投資する」という提案も、少しばかり真実味を帯びてくるのではないでしょうか。

「最適化」をイメージし、全体を俯瞰してみましょう。日本は可能性にあふれています。

第7章

スポーツ立国は「地方」から始動する

Ask not what your country can do for you;
ask what you can do for your country.

John F. Kennedy

国があなたに何をしてくれるのかではなく、
あなたが国に何をできるのかを考えること。

ジョン・F・ケネディ
（第35代アメリカ合衆国大統領）

人生で一番「日本」を意識した日

２０１１年3月11日14時46分。僕は東京都品川区の天王洲アイルにある、25階建オフィスビルの24階会議室にいました。

僕はモニターに向かって左側の席に座っていました。窓の外すぐそこに、高さのそろった2つのビルが並んでいます。その向こうにはレインボーブリッジ、埠頭とコンテナヤード。そしてそれら巨大な人工物の数々をキラキラ照らす東京湾の静かな水面。

そんな「東京らしい景色」は、その瞬間までいつもと何ら変わりませんでした。

耐震ビルは「揺れること」でその強度を保ちます。

会議の途中、地震の予兆となる微動を感じました。いつもならすぐに終わるはずの揺れが、なかなか止まりません。終わるどころか、揺れは徐々に大きくなります。

本棚は次々に倒れ、椅子にも座っていられなくなりました。向かいのビルはまるでゴムのようにクネクネ動き、オフィス内の机や椅子、大きな金庫までが4〜5メートルくらいの幅で左右に動き続けました。

そんな揺れは余震を含めて20分以上断続的に続き、埠頭の施設からは炎と煙が巻き起こり、さっきまで優しく光っていた海面が、地面ごと我々を飲み込んでいくブラックホールのように見えました。未体験の事態に、心も頭も恐怖に支配されました。

その後、テレビで観た光景。むしろ僕たちは被災者ではなく、もしかしたら助けなくてはならない側にいるのかもしれない、そんなことを感じるに十二分なものでした。リアルタイムで次から次へと広がり続ける惨状に、ただただ呆然とするしかありませんでした。

その日から数カ月、生まれてから一番たくさん「日の丸」を見ました。テレビもソーシャルメディアも日の丸だらけでした。日本人を一番感じ、世界の中の日本を感じました。

「自分に何ができるのだろうか」。このときほど真剣に考えたことはありませんでした。生きているのではなく、生かされている。「とにかく現場にいこう」。そう思いました。

日本を考える。被災地域を憂う。東京に生まれ育った僕が、それ以外の地域を我がこととして感じられるようになったきっかけでもありました。

被災直後の福島県いわき市へ

「行けるところまで行ってみよう」

3月19日、ガソリンを満タンにしたハイブリッドのアルファードに自社の栄養補助食品

「DNSジェルエックス」をできるだけ積み込んで、僕たちは東北へ向かいました。

震災から1週間。「迷惑だったら戻ってくればいい。状況がわかるだけでもいいじゃないか」。緊迫していた原発の状況含めて正しい情報が乏しく、実際に何が起こっているのか、今すべきことは何なのか、現場を見て冷静に考えたい、そう思いました。

ガソリンの補給が見込めない中、東京まで戻れるギリギリの距離。それが福島県いわき市でした。

茨城を経由して福島に入ってからの緊張感は、経験したことのないものでした。

走り続ける海沿いの道、いつふたたび暴れ出すかもしれない太平洋を右手に、そして北上すればするほど酷くなる街の惨状を左手に見ながらアクセルを踏み続けました。

進めば進むほど原発にも近づきます。心拍数は高まり、誰も口を開かなくなりました。道をふさぐ巨大なタンカーや、原形をとどめない自動車の数々を縫うように進み、いわき市小名浜の役場に到着しました。

入り口には「死亡届以外の業務はすべて受けつけません」という張り紙があり、緊張感を際立たせました。ただ、役場のドアを開けないと、迷惑かどうかもわかりません。

「そうですか。遠くからわざわざありがとうございます」

笑顔で受け入れてくれた役場の方。この1週間、生活するだけで精いっぱいであろう状況は、その顔色や髪、ヒゲを見ても、明らかでした。

そんな役場の方々が、次々と荷降ろしを手伝ってくれました。「勝手に押しかけたのですから、勝手において帰りますから……」。断っても断っても、手伝ってくれました。そして「はるばるご苦労様です」と労いの言葉までもらってしまいました。

込み上げる感情を抑えながら、「いえいえ、皆さまのご苦労やお悔やみに比べたら……」、そう心の中で呟くのが精いっぱいでした。

でも、来て良かった。それだけはしっかりと感じられました。

スポーツが心と身体、そして経済を豊かにする

電気もガスもない被災地は寒く、孤独な時間だけが過ぎていきます。明日をがんばる活力が欲しい。今を生きる勇気が欲しい……僕ならそう望むと思いました。

ラジオから流れる音楽がどれだけ人々の心を温めるだろう。冷たいものより温かいもの。石鹸よりもシャンプーで髪を洗いたい、ヒゲを剃りたい、古着よりも新しい服を着たい。元気が

出る歌が聴きたい。大好きなスポーツを観たい。果たしてそれは贅沢だろうか？

あらゆる活動の自粛が続く中、選抜高校野球甲子園大会の開催と東北高校の出場、これが1つの呼び水となって、各種のスポーツイベントが再開されはじめました。

どんな状況においても「人間らしさ」を求め、それを支えに時を過ごすこと。人間が人間として生きるための必要条件だと感じました。「スポーツ産業は余暇市場」と簡単にはくくれない。そう思いました。

「衣食住だけでは、人は生きていけない。スポーツ産業は人間が人間として生きていく上で不可欠な産業である」

そんなことを考えると、メラメラと闘志が湧いてきました。

今の自分にできることは、スポーツを通じて、人々の心も、身体も、そして懐も豊かにすること。僕がすべきことは明確でした。

スポーツを通じて日本全国を「最適化」する

いよいよ最後の章です。ここまで飽きずにお付き合いいただきましたこと、とても嬉しく思います。

最後は「隗《かい》より始めよ」ということで、僕らが具体的にやっていることを交えながら、『スポーツ立国論』をまとめようと思います。

本書の最初に、スポーツビジネスは「ロイヤリティをマネタイズ」するビジネスモデル、という話をさせてもらいました。

その後、いくつかの欧米の成功事例をもとに、具体的な「スポーツ立国」に資する事例やアイデアを展開してきました。

僕は作家でも評論家でもなく、経済人です。自分の大好きなスポーツを通じて、「若者たちがすくすくと育っていける環境」をつくりたい。自分の持つリソースを使って、社会の「最適化」に少しでも寄与したい。そう思っています。

大学改革、日本版NCAAの設立を提唱し、法政大学アメリカンフットボール部の監督（のちに総監督）を、そして筑波大学ではアスレチックデパートメント設置準備室室長と客員教授をやらせてもらいました。

自分はまるで適任とは思いませんが、ここに書かせてもらった「スポーツ立国」の理念とアイデアを、自分なりの歩幅で実践しています。

決してすべてが順調というわけではありません。毎日が試行錯誤の連続です。それでも諦めることなく、3日かかっても10日かかっても「1歩」は進めるよう、少しでも現実的な方法を模索しています。

欧米のスポーツビジネスを大きく飛躍させた5つの改革について見てきました。いずれも「コピー&インプルーブ」することで、日本の経済や社会に大きな変革をもたらすという可能性を提示させてもらいました。

僕の経営する会社の具体的な取り組みとして「いわきFC」というサッカークラブがあります。地域活性化、スポーツがつくる経済、将来的なスタジアムを軸にした街づくりなどなど、欧米で成功したロジックをなんとしても「いわき市」で実現したいと思っています。

福島県いわき市における「スポーツによる街づくり」

僕らは、2011年3月19日にたどり着いた福島県いわき市に、スポーツ用品の物流センターを建設することにしました。「正社員を中心とした底堅い雇用」を生む物流センターをつくり、地元の人々が復興を実感し、地元の人々が誇りを持てる最新の倉庫をつくる。そんな強い決意を持ってプロジェクトをスタートさせました。

威勢はいいですが、100億円近い規模の投資に、得体の知れない恐怖も感じました。でも「今の自分にできることを」の気持ちが決意をしっかりと支えてくれました。

おそらく3・19がなければ、こんな決断はできなかったと思いますし、多くの人々の支えがなければ、何もできなかったことは明確です。支えてくださっている皆さまに、この場をお借りして心からお礼を申し上げさせてください。

実際に倉庫建設に必要なスペースよりずいぶんと広大な土地があり、そこで「サッカーチームをつくったらどうか」なんてことも、薄ぼんやり考えていました。

「やっぱり自分に一番できることはスポーツだ。世界各地で実際に見てきた、スポーツが中心となった街づくり。これにチャレンジしてみよう」

そんなことをイメージしたとたん、何か明るい未来を感じました。

震災の直後、練習はもちろん、生活さえままならなかった東北高校の球児たちが甲子園で見せた躍動。それがきっかけになって、自粛モードは一気に復興モードに変わりました。スポーツでよく遭遇する「突然起こるモメンタムの変化」でした。

「よし、もはや復興じゃない、成長だ。クヨクヨからワクワクだ!」ということで、勝手に元気が出てきて、「いわきワクワクプロジェクト」と命名しました。

「雇用をつくる物流センターから、サッカークラブのある街づくりへ」

まだ何も始まっていません。PCにそんな文字をタイプしただけです。でも、心にムクムクと勇気が宿り、モニターが急に華やかに見えてきました。

欧米には、小さなスポーツクラブや学校スポーツが地域コミュニティの中心になっている街がたくさんあります。むしろ、小さな街は「スポーツしかない」というくらいです。日本にもそんな街をつくりたい。大都市ではなく、小さな街に「これだけは負けない」という価値と誇りをつくりたい。それがスポーツであり、スポーツを中心とした街づくりであり、スポーツを軸にした人づくりです。

1つの成功事例をつくり、「スポーツ立国ニッポン」の突破口としたい。いわきFCの活動は、そんな思いから始まりました。

いわきＦＣの「スポーツが経済をつくり、回せることを証明する」という理念

サッカー選手がその巨大倉庫で働きながらプレイする新しい形態のスポーツクラブ。それが２０１６年1月から活動を開始した「いわきＦＣ」です。地元にあったチームを譲り受けたときは福島県2部リーグ。Ｊリーグ基準のヒエラルキーで言えば8部リーグでした。そこから毎年1つずつ昇格して、２０１９年にようやくＪＦＬ、Ｊ1、Ｊ2、Ｊ3に次ぐ実質4部リーグに昇格を決めることができました。これで、全員がプロになって活動をする予定です。

社長は僕の同級生で、僕ら世代のサッカー界のスーパースター、そして当時は湘南ベルマーレの社長を務めていた大倉智です。早大卒業と同時に日立製作所に入社。柏レイソルの一員としてＪリーグ昇格を決めるとプロに転向して活躍しました。ヨハン・クライフの開設したスポーツマネジメント学校の1期生でもあります。

監督は湘南ベルマーレ時代から大倉と二人三脚でチームをつくってきた田村雄三が務めています。

大倉はヨーロッパのクラブを視察して、クラブのサステナブルな発展の仕組みをくまなく学びました。施設もサポート体制も日本でトップクラスの環境を整備し、ＪＦＬ昇格の壁も一発

でクリア。サッカーは形になってきました。選手、スタッフも素晴らしいメンバーばかりです。

いわきＦＣは「復興から成長へ」をスローガンに結成されたチームです。チームにはよって立つ明確な目的があります。それが「スポーツが経済をつくり、回せることを証明する」です。ヨーロッパの小さな街の数々には、経済の面で、文化の面で、街の中心になっているスポーツクラブが無数にあります。彼らにできて、僕たちにできない理由はありません。

「いわきワクワクプロジェクト」は、まだ始まったばかりです。

沖縄もスポーツで活性化できる

僕にはもうひとつ、思い入れのある街があります。それは沖縄です。街ではなくて島であり、県です。

そもそも、大学の専攻は沖縄文学でした。卒論のテーマは「沖縄における王権の成立と稲作農耕文化」で、農耕民族のナチュラルな太陽神信仰と為政者の統治との相関関係を解き明かしました。

そんな沖縄と具体的な線をつないでくれたのは、ともに三菱商事在職時からの盟友、衆議院議員の後藤田正純君です。彼はスポーツが経済や教育に資する価値、そのポテンシャルを人一倍実感し、永田町で孤軍奮闘しています。そんな彼が沖縄担当副大臣のとき、いつものようにいきなり電話がかかって来ました。

「安田、沖縄にメジャーリーグ呼べないかな。沖縄で日米野球やったら、すごくないか?」

えーと……それまで、盟友の提案はどんなものだって前向きに受け止めてきました。でも、さすがにこれは、と思いました。

ところが、その翌年にちょうど読売新聞社主催の「日米野球」のイベントがあり、実現することができてしまいました。

それは後に読売ジャイアンツ球団の社長になる、当時の読売新聞社・久保博常務取締役との「初めての仕事」でした。久保さんとの関係、読売新聞社ならびにジャイアンツとの仕事に関しても、深掘りすると1冊の本が書けてしまいますが、ここは割愛させてください。

ここでは、「日本のスポーツビジネスそのもの」をつくってきた、読売新聞社の圧倒的な実力をまざまざと実感することができました。

後藤田君の天才的な閃き、読売新聞社の実力。そしてイベントは「為せばなる、為さねばならぬ」というものであること、しみじみと実感できました。

僕ごときが名前を出すこと自体が恐縮ではありますが、戦前にメジャーリーガーたちを来日させた正力松太郎氏の精神が連綿と受け継がれていること、これぞ「伝統」という学びがありました。

さて、沖縄に対する個人的な思い入れが、そんなきっかけで「具体化」してしまいました。それこそ後藤田君のつくってくれたご縁から、Bリーグ琉球ゴールデンキングスの木村達郎社長と巡り合い、日本では異例の10年にもおよぶ戦略的パートナーシップ契約を結ぶことができました。それ以外にもさまざまなイベントを行ったり、有力高校のサポートを行ったり、ジャイアンツのキャンプがあったりと、沖縄との交流はいろいろな線で結ばれていきました。

沖縄は、過去の戦争の惨禍から現在にいたるまで、解決されていない課題が多く、しかもそれぞれの問題は大きく根深いです。

沖縄は幸いにも人口は増えていますが、日米問題は別にして、個人的には「県内経済格差の是正」が不可欠だと思っています。まだまだ貧困に苦しむ子どもたちがたくさんいて、ここにも手が差し伸べられるよう、主に糸満市の方々とともにがんばっている最中です。

「フェニックスの成功」をコピー&インプルーブせよ

とはいえ、スポーツを通じて、もっと明るく元気にダイナミックに課題解決に向けて取り組むことはできないだろうか。そんな思いから、ふたたびアメリカの成功事例を学びに、今度は「アリゾナ州フェニックス市」の事例を見てみましょう。

アメリカの南西部に位置するフェニックス市は、もともと移民や先住民族が多く、砂漠地帯という環境要因も重なり、経済的にはそれほど恵まれていない都市でした。変わったのは1980年代後半から、官民を挙げてスポーツを通じた地域活性化に取り組むようになってからです。

1998年にはMLBのアリゾナ・ダイヤモンドバックスが誕生します。

事業の拡大を目論むMLBがエクスパンションというチーム増加の施策に乗り出し、プロスポーツの招致による街の活性化をめざすアリゾナ州と合意に達した結果でした。官民一体となったアリゾナ・ダイヤモンドバックスは、街の中心部に「チェイス・フィールド」という名称のスタジアムを新設しました。

最適化の方程式そのままに、スタジアムの内部にはレストランをはじめ、スイートルーム、オフィススペース、キッズゾーンを設け、周囲にはＮＢＡのアリーナ、ショッピングモール、ホテル、レストランやバー、クラブ、コンベンションセンターなど、あらゆるエンターテインメントを集約したのです。

するとと旗揚げからわずか３年後の２００１年、ダイヤモンドバックスはワールドシリーズを制覇してしまいました。

他にもアリゾナには、アメリカ４大プロスポーツのチームがすべてそろっています（ＮＦＬのアリゾナ・カーディナルス、ＮＢＡのフェニックス・サンズ、ＮＨＬのアリゾナ・コヨーテズ）。

もともとアリゾナ大学やアリゾナ州立大学もスポーツの強豪校として名をはせていますし、ＭＬＢの多くの球団がシーズン前のキャンプ地としています。ゴルフの「フェニックス・オープン」は、世界でもっとも集客の多い大会の１つであり、特にスタジアムのような客席を配した16番ホールが有名です。

ダイヤモンドバックスの偉業をはじめ、アリゾナやフェニックスという名前はスポーツを通じてアメリカ全土に知れ渡ります。アリゾナは、アメリカのスポーツ文化の拠点の１つとなりました。

そんな政策の果実として、アリゾナ州のGDPは1998年には1434億ドル（約15兆7740億円）だったのが、その20年後の2018年には約2・4倍となる3468億ドル（約38兆1480億円）に上昇。フェニックス市は「住みたい都市トップ10」の常連となっているほどです。

実際に現地に足を踏み入れてみると、広大な砂漠という大自然がスポーツを中心とする洗練された近代都市エリアと独特のコントラストを生み、「こんなところに住んでみたい！」とつくづく思う“Laidback”な（リラックスできる）都市となっています。

アリゾナの成功を沖縄で再現する

ここから少し、僕の構想を紹介させてください。僕が沖縄県知事になったら、アリゾナの成功をそっくりそのまま、沖縄で再現します。

安田知事は、以前訪れたアリゾナの「スポーツを軸にしたカッコいい街並み」が忘れられませんでした。

「ダイヤモンドバックスみたいなチームが欲しい」

ダイヤモンドバックスも、1998年のエクスパンション（球団数拡張）で新しくでき

図表7-1　沖縄県とフェニックス市の比較

	沖縄県	フェニックス市
GDP（2016年）	4兆2320億円	2310億1100万ドル （≒25兆978億円）
人口（2016年）	143.3万人	160.2万人
年間平均気温	23.1℃	23.9℃
面積	2,281㎢	1,338㎢

たチーム。ＮＰＢもパ・リーグかセ・リーグ、どちらかが７球団になったところで、具体的な支障はないはずです。

スポーツ産業化のポテンシャルが大きい日本でも、沖縄県のそれは破格です。そもそも沖縄を知らない国民などほとんどいないし、イメージも最高。高い知名度とブランド力のアドバンテージは大きいですし、スポーツ施設も多く、県民のスポーツへの関心度もきわめて高い。

アリゾナのフェニックス市と沖縄県は、さまざまな条件が似通っています。人口（沖縄県は１４３万人、フェニックス市は１６０万人）、面積（沖縄県は２２８１平方キロメートル、フェニックス市は１３３８平方キロメートル）が近く、温暖な気候でプロ野球チームのキャンプのメッカとなっているところも同じ。にもかかわらず、双方の経済力にこれほど大差がついている（図表７－１）。理由はどこにあるんだろう。

「プロ野球チームだ！」安田知事は、データを見てイメージが確信に変わっていきます。

沖縄にプロ野球チームを

フェニックスの経済力に対抗するには、那覇市にある「沖縄セルラースタジアム那覇」を増強し、地域の再開発を進め、プロ野球チームを招致するしかない。

浦添の広大な米軍基地跡地は状況次第で新スタジアム建設の魅力的な立地候補にもなるでしょうし、そうなればもっと大胆な開発もできます。野球好きなアメリカ人もたくさん観戦に来てくれるだろうし、台湾や韓国のチームとオープン戦を組めば、そちらからの観光客も呼べるかもしれません。沖縄の良さを知った外国人は固定客になって、毎年観光に来てくれるはずです。

安田沖縄県知事が引率する視察団は、アリゾナからくまなく学び、ほぼ丸パクリの再開発構想をビジョンとして掲げます。

業界のプロ中のプロを集めた「再開発プロジェクトチーム」を組織し、プロ野球チームの招致、新スタジアムの立地選定、ファンド組成による財源確保、日本でもトップクラスのブランドや飲食店を配置した商業施設を開発、どんなＶＩＰにもストレスを感じさせない動線の整備などなど、ハイレベルに都市計画を具現化していきます。

X年後……。

県民たちはスタンドで泡盛を片手に盛り上がり、「沖縄アイランダーズ」は熾烈な優勝争いを繰り広げます。基地問題で2つに割れていた県民たちも、まさに一体となって「アイランダーズ」に沖縄の未来を託します。

観客席には、沖縄出身の黒木メイサや新垣結衣、安室奈美恵やMAXのメンバーも応援に駆けつけ、熱い試合の連続に沖縄が日本の中心になったかのような雰囲気に包まれます。

沖縄のプロ野球球団は創設3年で、ダイヤモンドバックスと同じように日本シリーズを制します。日本一になったチームとファンの熱狂は沖縄全体に勇気を与え、県民の揺るぎない誇りとなります。

そんなアイランダーズが設立した少年野球のアカデミーが人気を呼び、日本全国だけでなくアジア各国から野球留学に訪れる少年たちで街は活気にあふれます。観光客は増える一方で、施設は増加し雇用も拡大。地価は上がり、経済もグイグイと上がっていく。つまり、アリゾナ州と同じ軌跡を辿る……。

安田知事は、そんな状況に目を細めながら任期を満了。静かにその役割を終え、1人ラフテーを楽しむのです。

と、勝手にワクワクしてしまいすみません。リーダーとなる知事は夢にあふれたビジョンを描き、実現に向けて汗を流せる人なら、もちろん安田である必要はありません。

地域の特性に合わせて融通を利かせられるのが、スポーツのいいところです。雪山の多い地域ならスノーリゾートの開発に力を注ぎ、有力な競技大会を招致して、都市の知名度を上げられるでしょう。ラグビーの強い大学がある地域なら、それこそそのチームをプロ球団のように、地元の誇りに育ててもいいでしょう。

スポーツの本質的な価値である経済効果が最大限に発揮されたときのインパクトは大きく、現代の、そして未来の都市計画のダイナミズムとなっていくはずです。

国体という「出来レース」

このように海外に数多く存在する事例を参考にして、我が国でも「成功事例をつくり、横展開する」のが本書『スポーツ立国論』の目論むところです。

特に英語圏においてはインターネットによって、あらゆる情報がリアルタイムで拡散・共有され、社会と社会の切磋琢磨が加速しています。それに対して日本では、まず言語という「壁」がクリティカルな課題として立ちはだかっています。

その解決に向けては英語教育の抜本的改善が必要ではありますが、本書がその壁を少しでも崩す役割を果たすことを願っています。

その上で、自らも成功事例を示すべく、前述の通りなんとか微力を尽くしてはおりますが、国家単位での「最適化」という観点で見れば、財源も場所も実際にはいたるところにたくさん「転がっている」ことに気づかされます。

日本全国津々浦々に必ずある「XX市立総合運動公園」「XX県営XX球場」「XX市立体育館」などに、そのひとつのヒントがあります。

これらのほとんどが「国体」、つまり「国民体育大会」という大イベントが毎年つくり出す産物です。

この国体、現在では「戦後日本の課題を箱詰め」にしたようなイベントになってしまっていると思います。まず、そもそも「出来レース」という問題があります。実は国体は、他の都道府県から有力選手を補強することでほとんど毎回「開催地が優勝する」という、驚愕のスポーツ大会です。そんなイベントに毎年3００億円から1０００億円もの税金が投入されているのです。

国体は理念からして「トンチンカン」だ

そもそも「国体」の理念や目的がまるでトンチンカンなものになっていること、そこに膨大な税金が投入されていることに「戦後日本の課題」を感じます。

日本スポーツ協会ホームページを見ると、以下の通り大会の趣旨が記載されています。

「国民体育大会は、広く国民の間にスポーツを普及し、スポーツ精神を高揚して国民の健康増進と体力の向上を図り、併せて地方スポーツの推進と地方文化の発展に寄与するとともに、国民生活を明るく豊かにしようとするものである」

また、2007年に策定された「国体の今後のあり方プロジェクト提言骨子」によれば、大会の目的として以下の記述があります。

「国民体育大会は、わが国スポーツ界の中核をなす競技者が一同に会し、都道府県対抗のもとに毎年開催される国内最大・最高の総合スポーツ大会とする。各競技会は国内を代表するトップクラス層の競技者により高い水準で競われ、国際的に通用する競技力向上の一翼を担うとともに、国民各層のスポーツへの関心を高めることを目的とする」

スポーツの名の下に使われている多額の税金。その有効性の確認は「スポーツ立国ニッポン」の実現には不可欠ですので、少しばかり深掘りしていきましょう。

まず、「地域の発展と国民の健康」という大会趣旨があり、目的には「国内最大・最高の総合スポーツ大会」とあります。

この2つの文脈を合わせて、多額の税金が投入される理由を「なるほど、それはすばらしい！」という合理的な説明ができる人はいないと思います。健康促進なのか、経済対策なのか、競技大会なのか、エンターテインメントなのか……はっきりした理念と目標を設定できない「文章たち」です。

この国体は文部科学省、日本スポーツ協会、開催都道府県で共催するという建てつけですが、その中で、もとは「日本体育協会」という団体が、時代の流れに合わせて「日本スポーツ協会」という名称に変わっているという事実と出くわします。

にもかかわらず、「国体」はなぜか「国民体育大会」のままで、「国体は国家が主導するぞ!」という並々ならぬ意思……正確にいうと利権を守る意思を感じてしまいます。

つまり、かつては「体育による富国強兵」だった国家の意思が、現在は「体育によるハコモノづくり」という利権を守る意思となって生き残っている、としか思えないのです。

「日本スポーツ協会」が共催する「国内最大・最高の総合スポーツ大会」であるならば、少なくとも「国民スポーツ大会」に名称を変更すべきでしょう。でも、そうすることで「スポーツ予算はスポーツで使うべき」という「寝た子」を起こしてしまうことを、既得権者が恐れているように感じられます。

であるならば、本書が目覚まし時計となって「なぜスポーツ大会の資金が建設業に流れるのか」「なぜ開催県が持ち回りで優勝する出来レースを続けるのか」という大音響のアラームを鳴り響かせたいと思います。

スポーツの予算がハコモノに消える

プールの深さが「国体基準」に数十センチ足りなかったから、10億円近くの予算をかけて改装する。

体育館の高さが数メートル足りなかったから、隣に数十億円かけて新しい体育館を新設する。施設までの道路を新しく整備して「国体道路」と名づける。スポーツ視点では考えられない、そんな無駄な建設費が建設業者に流れる仕組みができ上がってしまっています。

かつて高知県知事だった橋本大二郎氏が「出来レース」という国体の慣習に一石を投じ、地元選手のみでの参加を決意、優勝を放棄するという前例をつくりました。しかしその後も、それ以前の流れが変わることはありませんでした（岩手大会、愛媛大会では東京に優勝を譲りましたが、両県とも2位となっていて、実際の運営状況は変わっていません）。

「最高のスポーツ大会」の名にふさわしくないのは言うに及ばず、こうした他の都道府県からの選手派遣にも多額の税金が使われていることに、トンチンカンさを感じるのは僕だけではないはずです。

もとより、オリンピック選考会や海外の大会が優先される昨今では、有力選手の出場も厳しい状況にあります。種目によってはプロが出たり、少年の部と高体連主催の全国大会との線引きが不明瞭だったりと、各競技団体との調整も玉虫色で、とても「国内最大、最高のスポーツ大会」を真剣に目指しているものとは言えません。

このような「国民体育大会」を行うために、多額の税金をかけて「XX市立総合運動公園」などの施設ができ上がっていっているわけです。

ここでは、後利用やプロチームの誘致、商業施設の併設など経済合理性が論じられている形跡はありません。「体育」という国家政策の下、毎年全国各地で数百億円を使ってハコモノをつくり、毎年数千万円から数億円の維持管理費を払い続ける「公共事業と天下り先製造政策」となっているのが国体の実態です。

「戦後日本の課題の箱詰め」感を覚えるのは僕だけではないと思います。

国体は「貴重な財源」になりうる

なんとも「もったいない」話ではありますが、見方を変えれば有力な「財源」でもあります。

国鉄改革を実現した「土光臨調」のような「国体改革タスクフォース」を設置して、「300億円を投資し、年間30億円以上の収益を生み出す」などの定量目標をおいた根本改革を目指すべきでしょう。

本書で詳《つまび》らかにしてきた「スタジアム改革」「競技団体改革」「学校改革」「ダイバーシティ」「メディア改革」などを盛り込んで、専門家を集めて根本的に議論すれば、十分実現は可能だと思います。

国体予算を使って、スポーツを活用した未来的な街づくりをする。プロスポーツチームを招致して新たな都市文化と経済をつくる。老朽化している既存施設を地域の課題と照らし合わせて再設計し、根本的に改装する。地域にある大学を活用して施設整備と大学スポーツを軸とした街づくりをする。スポーツ施設に商業施設を併設して新しい経済をつくる。

・地域ごとにすでに数百億円規模の予算が用意されている国体
・地域のロイヤリティを有効活用して経済を回すスポーツビジネス

この2つの要素をつなぎ合わせることができれば、各地域は確実に活性化し、生まれ変わるはずです。そして、日本という巨大な国家も、地域スポーツが主導する欧米のスポーツ先進国のように、大きな変化に向かって進んでいくことができると確信しています。

国体に焦点を合わせてみましたが、インターハイと呼ばれる「高校総体」、インカレと呼ばれる「大学選手権大会」、天皇杯や皇后杯など、毎年日本のどこかで、こうした全国規模のスポーツイベントが開催されています。

それぞれの課題を考えれば、ワクワクするような「もったいない」だらけの我が国ではありますが、本書の定義する「スポーツ立国論」は、こうした現状改善プラン、あるいはスポーツが直接産み出す価値の議論にとどまりません。

国体や全国大会など「スポーツが浮き彫りにしてくれる国家運営の不均衡と非生産性」を啓発することこそ、その真価としたいと思っています。

みんなが愛する日本です。国土のすみずみまで、愛と誇り、そして元気に満ちた国家にするべく、以下では「スポーツの真の可能性」を解説したいと思います。

スポーツチームは「地域の代表」になれる

ここまでさまざまな論拠をもって、我が国の「もったいない」の数々を紹介してきました。スポーツには特有の発信力があり、潜在している課題を顕在化させるという大きな威力があります。バリバリ体育会系の僕が「経済の本」を出版できるという事実が、スポーツの発信力の大きさを雄弁に物語っていると思います。

30年前のハワイ大学で圧倒された素晴らしいスポーツ環境。それは「強くなりたければ、お金を稼ぐことだ！」という厳然たる事実を僕に示してくれました。30年を経た現在のアメリカは、スポーツが地域経済や教育環境そのものを改善する役割を担うだけでなく、国家の経済を支えるほど大きな産業になっています。

そんなハワイ大学アメリカンフットボール部の当時のヘッドコーチの言葉が、今でもとても印象に残っています。

「ハワイにはアメリカンフットボールはもちろん、野球にしろバスケットボールにしろ、プロチームがない。だから、我々ハワイ大学アメリカンフットボール部は、ハワイを代表するチーム、プロチームと同じ重要な役割を担っている」

当時の僕も「母校のために！」という漠然としたイメージはありましたが、「地域を代表するチーム」というスケール感の大きさに、ハワイに無関係な僕ですら、身震いするような高揚感を覚えました。

また、そんなハワイ大学が加盟するＮＣＡＡの実態は「加盟者がボトムアップでルールをつくる」民主的組織です。対戦校同士が戦う条件を同じにし、ホームアンドアウェー方式を採用することによって、自分たちの努力が自分たちに返ってくる仕組みです。加盟者とは大学であり、大学同士がルールを決めて、大学内で大学自らが主催して試合を行っているのです。

スポーツの課題は「国家の課題」を映す鏡だ

一方で、日本はどうでしょう。

前述の「国体」では、開催地に縁もゆかりもない選手が、その期間だけ「XX県」という開催地のゼッケンをつけ、強化費をもらって出場しているという実態があります。スポーツをマネタイズする最大の武器であるロイヤリティの出番は少しもありません。

また、人口55万人の鳥取県と1395万人の東京都が戦うという、一般にいう「スポーツマンシップ」、つまり「正々堂々戦う」には不平等すぎる条件のもとで競技が行われています。

「国体」自体はさほど話題になりませんが、甲子園大会における都道府県の「環境格差」の議論は毎年ヒートアップしています。

「エース１人でそんなに連投したら、肩が壊れちゃう！」
「県代表高校っていうけど、みんな他県出身者じゃん」
「そもそも県立と私立って、環境差がありすぎじゃやね？」

かつては内輪のみで繰り広げられていた議論が、ソーシャルメディア（ＳＮＳ）の一般化によって、広く議論されるようになってきました。

そんな突っ込みどころだらけの甲子園大会も、よくよく考えれば「都道府県対抗の全国大会」というフォーマットが「歪《いびつ》すぎること」がそもそもの原因であることに気づかされるのではないでしょうか。

２０１９年、夏の甲子園大会出場がかかる岩手県予選決勝。大船渡高校の國保陽平監督が最速１６３キロの速球を誇る絶対的エース、佐々木朗希投手を連投による故障予防のため「投げさせなかった」という前代未聞の出来事は、神格化された甲子園の「絶対的な価値」に一石を投じました。

甲子園大会が抱える課題は、戦後の日本がやり続けてきた「微調整」というごまかしでは、とても解決できない領域に突入しているように思います。

「都道府県対抗の全国大会」という悪平等の是正が根本策です。そもそも「正々堂々戦う」

ことがスポーツマンシップであるならば、少なくとも人口別にブロックを分けて、代表校を決めるべきでしょう。

試合に一度も出られず引退する生徒たち

そんなことを考えてみると、人口約73万人の東京都大田区出身の僕からすれば、人口約55万人の鳥取県を4つの市に区分して、それぞれに市長がいて、市役所があって、市議会があって……という地方自治のイメージがさっぱり湧きません。55万人の中に「市長」という利権が4つあるようにすら感じます。

ん？　そう考えると、国会議員の数ってどうなっているんだろう。1票の格差って、そもそも我が国は、不公平を容認しているってことじゃないんだろうか。

スポーツの価値を最大化しようとすればこそ、こうした社会的課題と直面できるのではないでしょうか。それこそが「スポーツ立国論」の目指す1つのゴールです。

中学や高校など、学校の部活が「日本一」をかけて戦う「全国大会」というフォーマット。トーナメント方式であるため、全国の部活生の半分は「1試合」しかできずに引退します。日本の部活はシーズン制による部活の掛け持ちができないのはもちろん、二軍同士の公式戦もありません。

すべてがこの全国大会というフォーマットに準じてチーム編成がなされるため、その「1試合」に出場するメンバーですら限定され、試合に出場することなく学校生活を終える生徒は山ほど存在します。

法の下の平等という日本国憲法の精神から見たら、「1票の格差」も「全国大会のフォーマット」も違憲そのものではないか、ということになるのではないでしょうか。そして政治よりもスポーツのほうが、こうした「不平等」に対する発信力がよほど強力であることは、まぎれもない事実だと思います。

「体育の授業」をアップデートせよ

天然資源の少ない我が国は、人材こそが唯一の資源です。

そんな中、出生数は減少の一途をたどっています。厚生労働省の推計によると、2019年にはとうとう90万人を割り、令和元年生まれの同級生は86万4000人しかいなくなってしまうとのことです。競争率から考えても、在学生のほとんどが日本人である東大、京大、早慶など名門校と言われる大学が、世界的に見て名門と呼ばれ続けるのはとても難しい状況といえるでしょう。

世界の名門校と同様に、日本の大学も世界中から優秀な学生を集めるべく、英語入試や秋入学を推進することが根本的な解決策であることはまちがいありません。同時にすべきことは、時代に応じたカリキュラムの開発や改善です。

本書で何度も記述している「体育」、明治の三育の名残のような科目を、より実効性の高いカリキュラムに変更するのは喫緊の課題です。そのためにはコインの裏表の関係にある部活動の正式な教育プログラム化も不可欠です。

文部科学省は学習指導要領で、高校の「体育」教育を以下のように説明しています。

「体育に関する指導については、子どもの体力水準が全体として低下していることがうかがえるとともに、積極的に運動する子どもとそうでない子どもに分散が拡大しているとの指摘があることから、生涯にわたって運動やスポーツを豊かに実践していくことと体力の向上を重視し、生徒が自ら進んで運動に親しむ資質や能力を身に付け、心身を鍛えることができるようにすることが大切である」

文面通りに読めば、「積極的に運動する子どもにはアスレチックプログラム（部活）でより専門性を伸ばすこと、それ以外の子どもには体育の授業で運動に慣れ親しませること」、それこそが最適解ではないでしょうか。なぜそうしないのか、僕には理解できません。

卓球の張本智和選手のように、世界ランキングの首位争いをしているような「積極的に運動する」高校生もいれば、藤井聡太七段のように将棋で日本一を争うような高校生もいます。

この2人が仮に同じクラスで、体育の授業で一緒に「ダンス」をすることが、学習指導要領の「体育」の目的を実現するとはとても思えません。

張本選手にはより専門性の高い「スピードトレーニング」などの選択科目があるべきだと思いますし、将棋が生活の中心である藤井七段が張本選手と同じ内容の授業を受ける必要があるとは到底思えません。十把一絡《から》げに「ダンス」をさせられることで2人とも嫌な思いをしてしまうとしたら、体育の目的とは明確にズレています。

ダンス同様、体育の授業では必須である「武道」についても同じことが言えます。

僕はアメリカンフットボールの試合前の「柔道」の授業が怖くてたまりませんでした。両肩に脱臼癖があった僕にとっては「もし肩が外れたら高校生活最後の試合に出られない、でも成績が悪ければ進学できない」という恐怖の授業でした。先生が柔道の専門家ではなかったことも、その怖さに拍車をかけました。

同時に、高校時代の僕は体重85キログラム、ベンチプレスを100キログラム以上挙げる「積極的に運動する子ども」でした。対戦相手である「そうでない子ども」に怪我をさせやしないだろうか、そこでもかなりヒヤヒヤした記憶があります。僕が高校生だったのは30年以上も前ですから、今の高校生はもっと体力格差が広がっていると思います。

本当に「平等な教育」とは何か

なぜそんなリスクを背負わせてまで、全員が「同じこと」をしなくてはならないのでしょうか。同じことをさせることが平等ではなく、特性に合わせた機会をつくることが本当の平等ではないでしょうか。

高校ラグビーの大会も、県内に3チーム以下の登録高校しかないという地域もいくつかあり、1回勝てば全国大会出場という事態を生んでいます。ですので、全国大会では100点以上の差がつくことも珍しくありません。

また、甲子園で議論になっている過密日程も、高校ラグビーではさらに危険な状態です。勝ち上がれば準々決勝から決勝までの3試合をなんと5日間で戦わなければなりません。

2019年のラグビーワールドカップですら、中3日の試合間隔が「過酷」とされていました。これでは平等の観点はもとより、危険すぎて教育でもスポーツでもない「サバイバル大会」です。

現場で汗をかいている方々を批判したいのではありません。その反対です。

現場の汗を成果に変えるべく、本書の大きな総括として「スポーツの課題を、スポーツの課題のみとして解決しない」ことを明確に提起したいと思っています。つまり「スポーツでくっきりよく見える日本の課題」という見方をすること。はなはだ僭越ではございますが、これこそが『スポーツ立国論』の本懐です。

・法の下の平等とはなにか？
・全国大会は不平等ではないか？
・国会議員の数が人口に比例していないのはなぜか？
・機会の平等、ダイバーシティ、民主主義の本質とは？

「いま、そこにある不平等」を根本的に改善する、そんなエネルギーをつくっていくために、スポーツがその威力をいかんなく発揮する。だからこそ『スポーツ立国論』なわけです。

都道府県対抗という「不平等が前提」の仕組み

「国体」や「全国大会フォーマット」という問題の根元は、都道府県という「不平等前提の統治」にあります。

現在の都道府県制度において、一番わかりやすい問題が「1票の格差」でしょう。ここを解決しないかぎり、本当の民主主義は実現しません。

県外から優秀な選手を集めて優勝する国体開催地や毎年甲子園に出場する名門校、この不平等感も問題は同根で「平等の本質論」です。

地方自治も、人材をつくる教育現場も、「平等の本質論」の欠如から不具合を起こしているということを、スポーツを題材にここまで論じてまいりました。反対にいえば、日本人の平等感を、今の十把一絡げの「悪平等」から「機会の平等」にうまく変えることができれば、日本はかならず良くなると思えてなりません。そんな価値観の啓発から、国家の統治を根本的に変えていきます。

それこそ、ビル・ゲイツのいう「最適化」です。

そんな壮大なビジョンを描く人材が、日本からどんどん輩出されること。これこそが本書の目指すところです。スポーツは、そんな国家の歪みを一番くっきりと見せてくれます。

甲子園で行われる高校野球大会では、地域格差や条件の不平等が毎年議論の的になるでしょう。ラグビーの全国高校大会では、地域間の人口差と過密日程により「全国大会フォーマット」がきわめて危険な状況をつくっていることを訴え続けるでしょう。

発信力の高いスポーツです。そのスポーツの健全化を求めるならば、憲法にある「法の下の平等」に到達するのは必然です。法の下の平等を実現するには、「ガラガラぽん」をして、文化・経済圏で新しい行政区をつくるのが一番の処方箋だと思います。

かつての「藩」のように独立自治を基本とすれば、地域ごとに独自性が生まれ、それによって地域間の切磋琢磨が起きるでしょう。そうなればもっと優秀なリーダーが出てくるでしょうし、国民はもっと真面目に選挙に向き合うでしょう。

「スポーツの地域間競争」とまったく同じ論理で、地元愛が自分の生活にダイレクトに返ってくる仕組み。中央集権から独立自治に移行することで無駄を省き、人々のモチベーションを高め、発展へのエネルギーを産む仕組み。それこそが民主主義の真の力だと思います。

小さな行政区を大きくまとめる道州があってもいいかもしれません。大きなくくりの中で、独自性のある地域特性に応じた教育環境がつくられるべきでしょう。独立自治が実現すれば、40人1クラスで運営しなくてはならない大都市の学校も、全校生徒が50人の小さな学校も、事情を活かした教育環境を用意するでしょうし、学校や先生が創意工夫を始めるでしょう。

そもそも大人である先生たちが、自ら試行錯誤をしている姿を子どもたちに見せることが、何よりも教育に資するのではとも思います。「こんな環境で子育てしたい」と思う親は引っ越しをするなど、地域間の人口シャッフルも活発になりそうです。

学校スポーツにおいても、アメリカのようなアスレチックプログラムとシーズン制スポーツ、ホームアンドアウェー方式のリーグ戦を導入する地域が増えてくるかもしれません。いや、教育の拡充と経済合理性を考えれば、増えない理由が浮かばないくらいです。

「ガラガラぽん」。夢みたいな話、大言壮語に聞こえるかもしれませんが、ちょんまげを切って刀を捨てた明治維新のほうがよっぽど難しかったに決まっています。昔の日本人にできて、我々にできないことはないはずです。

時代に合わせて、ダイナミックに変化を遂げる。

スポーツの威力によって、そんなエネルギーが醸成していくことを僕は信じています。

2020年、TOKYOは世界に何を示すのか

今年、東京にオリンピック・パラリンピックがやってきます。56年前にも、東京でオリンピックが開かれました。

スポーツ施設、ビルや道路が整備されただけではなく、前近代的な法律や風習が改善されたり、不衛生だった街や公園がきれいになったりと、大きなこと、小さなこと、すべてが噛み合って、日本が戦後復興から近代国家へ成長を遂げるきっかけになりました。

東京タワーが建ち、首都高速道路が街を縫うようにもなりましたが、世界と闘う日本人選手たちに勇気をもらって、国民の背筋がピンと伸びたことも目に見えない変化と進化だったはずです。敗戦から立ち直りかけていた日本という国に、新たなプライドを宿したように思います。

今の日本には、当時と少し異なる課題があります。

だからこそ、オリンピックは千載一遇のチャンス。「日本人みんなで新たな国づくりにチャレンジしよう」。そんな元気な呼びかけで、本書を締めくくらせていただきます。

東京は2016年大会から五輪開催地に立候補していました。「平和に貢献する五輪」をコ

ンセプトに、晴海地区に新設の五輪スタジアムを建設する予定でした。リオデジャネイロに敗れた東京は、2020年大会にも引き続きチャレンジします。今度はいつの間にか「復興五輪」となり、ラグビーワールドカップでの使用予定も重なって、ザハ・ハディド氏設計の新国立競技場の建設予定図をもって招致に挑みました。今となっては「復興五輪」という名目も、ラグビーワールドカップでの使用も、ザハ・ハディド氏の設計も、どこかへ消えてしまいました。

それでもなお、ラグビーワールドカップは大成功を収め、TOKYO2020への準備は力強く前に進んでいます。

持論を述べさせてもらえるならば、2020年の東京オリンピック・パラリンピックは「サステナブルな五輪、サステナブルな東京」というビジョンをもって、「エコシステムを創出するコストパフォーマンス最重視の大会」にすべきだ、そんなことをずっと考えていました。

少子高齢化、そしてプライマリーバランスの巨額な赤字に苦しむ我が国です。

・スポーツを通じて人々を健康にし、社会保障費を引き下げ、健康寿命を延ばす
・旧国立競技場や国立代々木競技場など、1964年大会で使用した数々の既存施設、公立大学の施設を改修して使用する

・オリンピックを契機に日本版タイトルⅨ《ナイン》を導入し、ダイバーシティ社会の実現に向け大きく前進する
・建設費を最小限に抑えつつ、既存施設の近代化を実現する

など、世界的な課題である「都市のサステナビリティ」を体現する「新しいオリンピックの形」を東京から定義づけられる。そんなふうに思っていました。

本書で今まで論じてきた「スポーツ立国論」の集大成が、上記のイメージです。何度も記してきましたが、「もう遅い」ということは絶対にないのです。黒船に驚かされても、戦争という惨禍を経ても、維新を実現し、復興を成し遂げてきた先輩方がそのことを証明しています。

スポーツが社会の悪平等を炙り出し、ガラガラぽんを実現する。

ここまで筆を進めてきて、我が国の先輩たちがこんなにも自由に意見を発信できる「表現の自由」を遺してくれたことのありがたさをしみじみと実感します。

僕らは日本の後輩たちに、いったい何を残せるだろう。

表現の自由はあるにせよ、大きな「勇気」が必要な記述もたくさんありました。そんな勇気の価値を、僕に教えてくれたのは紛れもなくスポーツです。

ありがとう、日本。ありがとう、スポーツ。

本書が皆さまにいくばくかの勇気を与え、これから生まれてくるたくさんの後輩たちの役に少しでも立つことができるなら、これほど嬉しいことはありません。日本の子どもたちが、僕と同じように「ニッポン最高！」と思えるような国であり続けられるように、これからも微力ながら邁進してまいります。

おわりに

本書を読んで不快になってしまった人がたくさんいらっしゃると思います。まず、そんな方々へ深くお詫び申し上げさせてください。本当に申し訳ございません。

自分の頭の中を文章にするために整理していると、世の中は「大きなこと小さなこと」、大小すべての事象が密接に関係して成り立っていると実感しました。

長いシーズンを考えると「あと1球で勝ち投手だけど、ここで交代」という苦渋の選択をせねばならないように、大きなことを書けば小さなことでがんばっている人々を傷つけてしまいます。世の中は、ピタッとはまるパズルのようにはできていないことを痛感しました。

たとえば、この執筆も終盤戦に差し掛かっているころ、息子の高校の保護者懇談会に参加してきました。第4章で日本の教育現場についてネガティブなことをたくさん書いてしまいましたが、実際に先生や現場でがんばっている人々に触れ、尊敬と感謝の念を再確認しました。

現場は日々いろいろなことが起こり、前にも後ろにも動いています。汗をかいている誰もが

「良くなること」を明確にめざしています。

本書の目的はあくまでも、すべての若い世代に対してより良い未来という「バトン」を渡す一助となってくれることです。それ以外の目的はありません。願わくは、僕の好感度が上がってほしいとは思いますが、なかなかそうはいかない内容になってしまいました。

スポーツを通じて未来に「より良いバトン」をつなぐ

僕自身、恵まれた時代に生まれ、何の苦労もなく、ぬくぬくと育ってきました。今、こんなに偉そうなことをつらつらと書けるのも、多くの地球上の先達が敷いてくれた「表現の自由」という権利に基づいています。

小さなことで言えば、僕の親父は中卒で、おふくろは高卒です。でも、僕は高校も大学も卒業させてもらっただけでなく、一番お金のかかるであろうアメリカンフットボール部に入部させてもらえました。

小さなことと大きなことが密接にからみあいながら、僕は「自分たちの時代」をエンジョイさせてもらっています。このような本を書いても、憲兵に検閲されることもありませんし、15歳から働いている親父と違い、女子大生とのコンパなるものも経験することができました。

それでもなお、地球の人口は爆発的に増え続け、温暖化は進み、地域紛争は解決せず、日本人の若者1人ひとりの将来負担は増え続けています。このままでは、僕の世代は「勝ち逃げ」になってしまうかもしれません。

いや、「勝ち逃げだ」と思ってはいたけれど、人生最後の場面に駆けつけてくれた「孫たち」の無垢な顔を見たら、大きな負担を残したままでは死んでも死にきれない。実際は「勝ち」とはほど遠い状態であることも、少しばかりイメージしなくてはならないでしょう。

もちろん、僕ごときに地球温暖化は止めることはできません。でも、自分が一生懸命がんばってきたスポーツの世界であれば、ほんの少しだけでも「より良いバトン」を手渡せるかもしれません。

本書に触れた僕ら世代の誰かが、自分の得意な領域で、何かしらの良いバトンを見つけてくれたら、これほど嬉しいことはありません。

幻の「東京オリンピック・駒沢公園再利用計画」

今から約4年前、ザハ・ハディド氏設計の新国立競技場の是非が世の中で大きな議論になっているときです。

「安田さん、僕らは駒沢公園でオリンピックをやるのがベストだと思います！」

という声の主は、プランテック総合計画事務所のK社長です。僕はアメリカのスポーツビジネスや日本のスポーツの現場から、K社長は超一流設計士の立場から、スポーツ施設の未来についていろいろな議論を重ねていました。

もともと1984年ロサンゼルスオリンピックで、「新規施設は一切つくらない」という近代オリンピックの原点が示されました。それに基づき、1996年のアトランタオリンピックでは陸上競技場が野球場に、2012年のロンドンオリンピックでは陸上競技場がサッカー場へとつくり変えられました。

特に先進国で行われるオリンピックでは、「既存施設をどう活かすのか？」が大きなポイントになっていました。

それを踏まえて、K社長は駒沢オリンピック公園の活用というアイデアを持ち出したのです。公園の名称に「オリンピック」と入っているとおり、ここはもともと1940年の開催が予定されていた東京オリンピックのメイン会場となるはずでした。

しかし、太平洋戦争に突入していく日本が1938年に大会の開催を返上、代替地のヘルシンキでの開催も結局中止となり、1940年の夏季五輪は幻のオリンピックとなりました。

この駒沢オリンピック公園を管理運営しているのは東京都です。国に頼ることなく、東京都の自前で多くの競技を、ここで開催することが可能になります。施設は陸上競技場、体育館、野球場がすでにあり、ホッケーなどが可能な球技場やトレーニングジム、屋内練習場など、オリンピックに必要な機能が1カ所に集まっています。

ただし、多くの施設は建設から50年以上が経過して、老朽化が進んでいます。遅かれ早かれ大規模な整備が必要になります。だったらオリンピックをレバレッジにして、すべての設備を耐震性や利便性を含めて改善し、よりサステナブルな施設へと生まれ変わらせることで、ロサンゼルスオリンピックにも勝るオリンピックレガシーをつくれる、そう思いました。それでもオリンピック困るのは、新規工事を見込んでいた建設業界くらいだと思いました。需要があることに変わりはありません。

駒沢オリンピック公園陸上競技場の改修案

駒沢オリンピック公園総合運動場の陸上競技場の基礎部分を刷新、補強しながら、5万席規模の「仮設スタンド」を設置、既存と合わせて7万人のスタジアムにする。

仮設で設置した5万人分のスタンドは、オリンピック・パラリンピックの終了後に「秩父宮ラグビー場」の改修に使用する。

仮設スタンドの転売後、2万席規模に縮小される陸上競技場は日本陸上競技連盟を指定管理者として運営を委託。日本陸連は「駒沢」を新たな聖地として、主要大会をまとめてイベント化できるようになる。新国立競技場に常設できないサブトラックも、駒沢オリンピック公園内の余った土地に常設すれば、数多くの陸上世界大会を招致できる。

都心の一等地に2万人という適正サイズの競技場ができるのは、とても現実的なプランと言えるでしょう。

現在の新国立競技場に対して、東京都は約395億円を負担しています。駒沢公園内の既存施設の維持費も相当かかっているはずです。これらのお金があれば、上記の改修の多くは賄えると思います。

もとより、駒沢公園の広大な土地の一部を借りて民間資本で商業施設をつくれば、東京の中に「スポーツを軸とした新しい街」がつくれたはずです。こんな便利な場所で、ランニングやトレーニング、スポーツ観戦ができて、ショッピングや飲食ができる。そんな施設が実現したら……ワクワクするだけではなく、駒沢周辺の地価はうなぎのぼりに上昇し、さまざまな経済効果が生まれたでしょう。

この話も、妄想しただけでなく実際に閣僚経験者の方々を含む多くの国会議員の先生に説明しました。でも、当時はまだ今のようにスタジアム云々の話をする機運になかったようで、誰の気にもとどめてもらえませんでした。

結果的に、駒沢公園の施設は古いままです。予算もオリンピックに割かれてしまい、改修はしばらく難しいでしょう。日本を操縦する誰もが、目先のこと、日本だけのこと、地元だけのこと、選挙のことにしか目が向いていないような状況に、無力感を覚えました。

「ペンは剣よりも強し」。

この言葉を思い出し、傷つけてしまう人もいるかもしれないけれど、ここに改めて記載してみました。僕たち日本人1人ひとりが、少し先のこと、少し外のこと、そんなことを考えるゆとりを持てれば、社会はより良くなっていくと思います。そんな民主主義という基礎的な受け皿が、現在の我が国には存在しています。

『学問のすゝめ』

テレビもインターネットもなく、今とは比較にならないくらいの暗黒の時代に、世界を知り、日本人の進むべき道をダイナミックに説いた日本人がいました。福沢諭吉です。

彼が著した『学問のすゝめ』の一節を紹介させてください。

「開港の後もいろいろと議論多く、鎖国攘夷などとやかましく言いし者もありしかども、その見るところははなはだ狭く、ことわざに言う『井の底の蛙』にて、その議論とるに足らず。日本とても西洋諸国とても同じ天地の間にありて、同じ日輪に照らされ、同じ月を眺め、海をともにし、空気をともにし、情合い相同じき人民なれば、ここに余るものは彼に渡し、彼に余るものは我に取り、互いに相教え互いに相学び、恥ずることもなく誇ることもなく、互いに便利を達し互いにその幸いを祈り、天理人道に従いて互いの交わりを結び、理のためにはアフリカの黒奴《こくど》にも恐れ入り、道のためにはイギリス・アメリカの軍艦をも恐れず、国の恥辱とありては日本国中の人民一人も残らず命を棄てて国の威光を落とさざるこそ、一国の自由独立と申すべきなり」

つい数年前まで鎖国していた時代です。

そんななか、当時主流であった攘夷論を狭義な各論として「とるに足らず」と一蹴。見たこともない地球の裏側の人々との営みも、到底敵わない他国との力量の差をも、天理人道に照らし合わせることで持つべき心構えとすべきことは自ずと見えてくる。そしてそれこそが本当の自由独立である、ということを痛快に説いています。

毎日、秒単位で情報が行き交い、有能な仲間たちと瞬時にグループチャットで議論できる今の時代とはまったく異なります。どのように1日の時間を使い、どのように人々と触れ合い、どのくらいの労力をかけてここまでの理論をまとめ上げたのか、到底想像がつきません。そもその価値観として身分によるヒエラルキーがあったことも大きな思考の障害となったはずです。

混迷の現代社会においてもなお、この快活な文章に、いささかの古さも感じないどころか、むしろみずみずしさすら感じてしまいます。

時代はガラガラと音を立てて変わってはいきますが、いつの時代にも変わらぬ価値が確実に存在するということに、ハッとさせられました。

真の自由と独立は、自分の心の中にあるということ。どんな困難に直面しても、勇気を持って果敢に挑戦を続けること。素直に、正直に、どこまでも誠実に。

気づいてみたら、どれもスポーツが教えてくれたことでした。

今、僕の手の平にあるのはそんなバトンです。そのバトンを、より良くして次の世代に渡せますように。

「スポーツ立国論」

長々とお付き合いいただきまして、本当にありがとうございました。

【著者紹介】

安田秀一（やすだ　しゅういち）

株式会社ドーム代表取締役CEO、筑波大学客員教授。

1969年東京都生まれ。法政大学文学部卒業。法政大学第二高等学校でアメリカンフットボールを始め、キャプテンとしてチームを全国ベスト8に導く。大学全日本選抜チームの主将も務める。

1992年に三菱商事入社。1996年に株式会社ドームを創業。米国アンダーアーマーの日本総代理店として日本市場の開拓を続ける傍ら、アメリカ、ヨーロッパのスポーツビジネスの調査を開始。日本のスポーツ業界の後進性にショックを受け、以来業界の改革に向けた提言を続ける。

その一環として大学スポーツの産業化と選手の環境改善にも着手し、2016年に法政大学アメフット部監督、2017年に総監督就任。スポーツ庁「日本版NCAA創設に向けた学産官連携協議会」元委員。

スポーツ立国論
日本人だけが知らない「経済、人材、健康」すべてを強くする戦略

2020年3月26日発行

著　者――安田秀一
発行者――駒橋憲一
発行所――東洋経済新報社
〒103-8345　東京都中央区日本橋本石町 1-2-1
電話＝東洋経済コールセンター　03(6386)1040
https://toyokeizai.net/

装　丁…………橋爪朋世
D T P…………アイランドコレクション
印刷・製本……リーブルテック
編集協力………手嶋真彦
編集担当………桑原哲也

ISBN 978-4-492-50312-6